KALT!

ERFRISCHENDE GETRÄNKE FÜR HEISSE TAGE

FLORA HOHMANN

Stiftung Warentest

Inhalt

Einleitung

DURST LÖSCHEN UND RUNTERKÜHLEN

So schön der Sommer auch ist, bei 30 °C im Schatten ist Durst oft vorprogrammiert. Nicht immer denkt man daran, genügend zu trinken. Dabei schwitzt man bei hohen Temperaturen mehr und verliert somit viel Flüssigkeit. Verspürt man ein Durstgefühl, ist das ein Zeichen dafür, dass man bereits dehydriert ist. Spätestens jetzt gilt es umso mehr zu trinken.

Laut der Deutschen Gesellschaft für Ernährung e. V. empfiehlt sich eine Wasseraufnahme von mindestens 1 l pro Tag für Kinder sowie von mindestens 1,5 l für Erwachsene. An heißen Tagen kann diese Mindestmenge aufgrund eines größeren Flüssigkeitsverlustes bis zu einem Drittel höher sein. Idealerweise sollte man ein Glas Wasser pro Stunde zu sich nehmen. Sich daran zu erinnern muss keinen Stress verursachen. Die Hitze ist viel erträglicher und regelmäßiges Trinken genussvoller, wenn man selbst gemachte Getränke zu sich nimmt. Eigens kreierte Fruchtschorlen, Eistees, Limonaden und Co machen den Sommer noch viel schöner.

Oft hört man: „Bei den hohen Temperaturen sollte man besser heißen Tee trinken." Tatsächlich beobachtet man in warmen Ländern, dass Tee bei Hitze bevorzugt wird. Jedoch ist ein nachvollziehbarer Effekt auf den Körper erst dann gegeben, wenn Tee in kleinen Schlucken und lauwarm getrunken wird. Nur so wird die Wärmeregulierung des Körpers unterstützt.

Aber wer möchte schon beim Sonnenbad, Picknick oder Grillen Lauwarmes trinken? Kühle Getränke sind nicht nur besonders lecker, sie motivieren auch mehr zu trinken. Stellt man sie dann noch selber her, kann man entscheiden, wie viel Zucker, Säure oder Alkohol man beimischt. Bei letzterem gilt übrigens Vorsicht! Durch Hitze wird der Effekt von Alkohol verstärkt, da die Körperzellen nun weniger Flüssigkeit beinhalten und der aufgenommene Alkohol dadurch konzentrierter ist. Deshalb muss man nicht komplett darauf verzichten. Jedoch ist es ratsam, Cocktails erst am Abend und natürlich nur in Maßen zu genießen und außerdem immer ausreichend Wasser zu trinken.

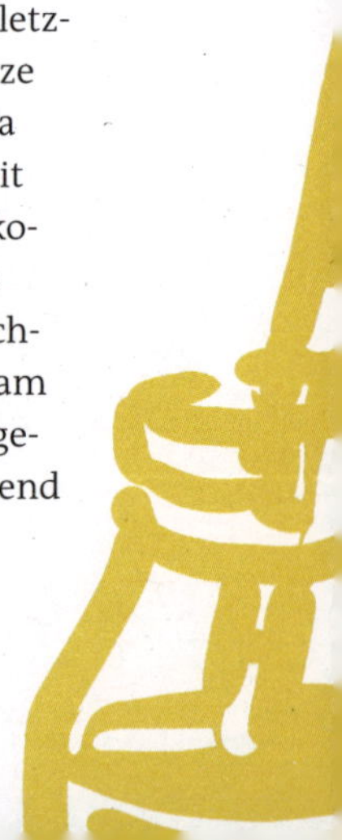

PRAKTISCHE KÜCHENTOOLS ZUR GETRÄNKEHERSTELLUNG

Um kühle Drinks selbst zu mixen, braucht es nicht viel Ausstattung oder besonderes Equipment – die folgenden praktischen Helfer können die Arbeit in der Küche aber extrem erleichtern.

Cocktailshaker

Er ist vor allem für die Herstellung alkoholischer Getränke praktisch, denn mit ihm lassen sich die verschiedenen Flüssigkeiten in Sekundenschnelle verbinden.

Karaffe/Krug

Viele Getränke müssen vor dem Servieren erst einmal abkühlen oder für längere Zeit ziehen. Hierfür eignet sich eine große Karaffe oder ein Krug mit mindestens 1,5 l Fassungsvermögen wunderbar. Außerdem können Eistee, Bowle oder Sangria hierin direkt auf den Tisch gestellt werden.

Messbecher

Das richtige Abmessen der Zutaten ist für die Getränkeherstellung unverzichtbar. Dazu werden ein Messbecher oder Barmaß benötigt, welche idealerweise in 5-mm-Schritten skaliert sind. Am besten ist, man hat zwei Messbecher in unterschiedlichen Größen zur Hand.

Messer und Schneidebrett

Zum Schneiden von Zitronen, Limetten und kleineren Früchten eignet sich ein klassisches Obstmesser mit einer Klingenlänge von mindestens 7 cm. Zum Zerlegen von Ananas, Melonen und großem Obst ist ein Küchenmesser mit einer scharfen, langen Klinge die richtige Wahl. Beim Schneidebrett sollte man darauf achten, dass es auch wirklich nur zum Obstschneiden verwendet wird. Sonst könnte sich der Geschmack von Zwiebel oder Fleisch am Ende in den Getränken wiederfinden.

Pürierstab

Die gute Alternative zum Standmixer. Er lässt sich zur Herstellung von schaumigen Getränken und zum Pürieren von Früchten benutzen. Nur Crushed Ice kann man mit dem Pürierstab nicht gut mixen – hierfür verwendet man besser einen Standmixer, der mehr Kraft hat.

Rührlöffel

Um Getränke gut zu mischen, braucht man verschiedene Löffel in unterschiedlichen Größen. Ein langer Holzlöffel kann besonders hilfreich zum Vermengen in großen Krügen sein. Cocktail-Mix-Löffel sind vor allem bei Getränken in hohen Gläsern ein gutes Werkzeug. Alternativ kann man dafür auch Esslöffel oder Eislöffel verwenden.

Profi-Barequipment ist im gut sortierten Kaufhaus oder Bar-Fachgeschäft erhältlich.

Saftpresse

Bei der Herstellung von frischen Zitrussäften hilft eine Presse. Hier gibt es verschiedene Varianten. Die einfachste ist die Hand-Zitruspresse aus Kunststoff oder Glas. Auch leicht zu bedienen sind die Hebel-Zitruspresse und die elektrische Zitruspresse. Ein Entsafter eignet sich hervorragend, um nicht nur Früchte, sondern auch Gemüse zu Saft zu verarbeiten.

Sieb

Zum Filtern von Kräutern, Gewürzen, Wasserkefir, Kombucha-Pilzen und Fruchtsäften ist das Sieb ein unverzichtbarer Küchenhelfer. Da Kombucha und Wasserkefir empfindlich auf Metall reagieren, greift man hier besser zum Plastiksieb.

Standmixer

Ein Standmixer ist zur Herstellung von Getränken ein echtes Luxusgut. Milkshakes, Lassis, Smoothies und Cocktails lassen sich so im Handumdrehen zu einem köstlichen, schaumigen Getränk fein pürieren.

Tee-Ei

Ein praktischer Helfer, um Gewürze, Kräuter oder Tee zu brühen oder lange ziehen zu lassen, ohne die Flüssigkeit danach absieben zu müssen. Alternativ eignen sich natürlich auch Einweg- oder Stoff-Teebeutel.

Topf

Zum Kochen von Sirup, Tee und zum Auskochen von Früchten eignet sich ein mindestens 10 cm hoher Topf mit einem Fassungsvermögen ab 1,5 l.

Trichter

Für das unkomplizierte, saubere Einfüllen in Gläser ist der Trichter ein toller Küchenhelfer. Er verhindert das Danebentropfen – besonders bei zuckrigen, klebrigen Säften eine echte Arbeitserleichterung.

GLÄSER UND GEFÄSSE

Bei der Wahl der Gläser sind keine Grenzen gesetzt. Es gibt sie in jeglichen Formen und Farben in allen Preisklassen überall zu kaufen. Oft quillt der Schrank über mit ihnen. Dann fragt man sich, ob man wirklich so viele Arten von Gläsern braucht.

Doch es gibt nicht nur ästhetische Gründe für verschiedene Glassorten. So behalten Getränke beispielsweise länger ihr Aroma, wenn sich das Glas nach oben hin verkleinert. Hohe, schlanke Gläser und dickwandiges Glas halten Flüssigkeiten länger kühl. Große Gläser bieten mehr Platz für Eis. Und letztlich freut man sich umso mehr, wenn der Aufwand einer selbst gemachten Schorle oder eines selbst gemixten schmackhaften Cocktails durch eine ansprechende Präsentation im passenden Glas unterstrichen wird.

Auch auf dem Weg zur Arbeit oder für lange Zugfahrten sind eigene Kaltgetränke eine perfekte Ergänzung. Die Mitnahme ist im wiederverwendbaren To-Go-Becher, in Thermoskannen für extralangen kalten Genuss oder sogar im recyclebaren Pappbecher ganz einfach.

Hier folgt eine kleine Übersicht der gängigsten Varianten für das Zubereiten und Servieren von Kaltgetränken:

Longdrinkgläser
Durch ihre Höhe und ihr großes Volumen eignen sie sich für Cocktails und Mischgetränke, die erst im Glas umgerührt werden müssen. Außerdem bieten Longdrinkgläser viel Platz für Eiswürfel.

Margaritagläser/Coupettes
In den breiten, niedrigen Kelch passt besonders viel Crushed Ice. Deshalb bereiten vor allem Cocktails wie Margaritas und Daiquiris hierin viel Freude.

Piña-Colada-Gläser
Durch ihre großzügige kurvige Form und ihr hohes Fassungsvermögen lassen die Gläser ausreichend Platz für Früchte und Eis.

Schnappbügelflaschen
Diese Flaschen eignen sich besonders gut zum Abfüllen und Lagern von Getränken. Einige Rezepte erfordern eine Fermentation unter Luftausschluss – die kann in einer vor Hitze und Sonneneinstrahlung geschützten Schnappdeckelflasche ideal ablaufen.

Sektgläser
Sektgläser gibt es in Kelch- oder Tulpenform. Sie kommen meist mit einem langen eleganten Stiel daher und verleihen kleineren Mengen an Getränken wie Sekt oder Champagner besonderen Glanz.

Tumbler
Die kurzen Gläser mit dickem Boden machen bei Getränken, die man „on the rocks", also auf Eis serviert, viel Eindruck und halten Drinks extra lange kühl.

Universalgläser in verschiedenen Größen
Universal steckt im Namen und kann auch so verstanden werden. Jegliche Kaltgetränke können in diesen praktischen, kompakten Gläsern serviert werden. Optimal für größere Getränkemengen mit vielen Eis-

würfeln und Früchten eignen sich höhere Gläser mit einem Fassungsvermögen von 250–350 ml.

Weckgläser/Mason Jars
Einmachgläser auch für das Servieren von Getränken zu nutzen wird immer mehr zum Trend. Denn sie verleihen Limonaden, Säften, aber auch Iced Coffees eine Extraportion Charme – vor allem wenn sie zusätzlich mit Kräutern oder Früchten garniert werden. Sie sind in verschiedenen Größen erhältlich.

Weingläser
In unterschiedlichen Ausführungen sind breitere, größere Gläser eher für Rotwein, schlankere, kleinere eher für kühlen Weißwein geeignet. Auch Spritzer und Mixgetränke können hierin serviert werden. Stabilere Weingläser mit dickerem Glas vertragen Temperaturunterschiede besser und halten die Getränke länger kühl.

Weithalsiges Glasgefäß
Für das Herstellen von Kombucha, Wasserkefir und Ginger Beer eignen sich Glasgefäße mit einem Fassungsvolumen von mindestens 2 l sowie einer weiten Öffnung. So kann komfortabel gearbeitet werden, z. B. wenn der SCOBY (siehe S. 14) entnommen werden muss.

STERILISIEREN – KURZ ERKLÄRT

Selbst gemachte Limonaden, Eistees, Saftschorlen, kalte Kaffeegetränke und sogar Smoothies müssen nicht gleich verbraucht werden, sondern sind für längere Lagerungen hervorragend geeignet. Möchte man sie auch später noch guten Gewissens genießen, ist das keimfreie Arbeiten bei der Herstellung ein Muss. Man sollte immer darauf achten, saubere Hände zu haben, auf einer gut gereinigten Arbeitsfläche zu werkeln und ausschließlich frische Küchenhandtücher zu verwenden. Außerdem empfiehlt es sich, die Gläser und Flaschen, in denen die Getränke aufbewahrt werden sollen, vor der Nutzung zu sterilisieren, das heißt, sie von Mikroorganismen und Keimen zu befreien. Andernfalls könnte schnell Schimmelbefall drohen. Beim Sterilisieren ist unbedingt zu beachten, dass die Gefäße auch hitzebeständig sind, damit sie bei Temperaturunterschieden nicht zerspringen. Für das Entkeimen gibt es mehrere Möglichkeiten:

Abkochen
Vor allem kleinere Gläser und Deckel lassen sich gut sterilisieren, indem man sie 10 Minuten ins sprudelnd kochende Wasserbad gibt. Danach sollte man sie auf einem sauberen Küchenhandtuch trocknen lassen.

Backofen

Für größere Krüge und Karaffen ist mehr Platz im Ofen. Zunächst sollten die Gefäße mit kochend heißem Wasser ausgespült werden. Nach dem Abtrocknen mit einem sauberen Küchentuch wandern sie für mindestens 15 Minuten in den auf 120 °C vorgeheizten Ofen. Deckel werden am besten im Wasserbad sterilisiert.

Spülmaschine

Auch die Spülmaschine kann eine Menge großer und kleiner Gefäße zeitgleich entkeimen. Die vorher sauber gespülten Gläser in die leere Spülmaschine geben – sie sollten nicht zusammen mit schmutzigem Geschirr gereinigt werden. Auf heißester Stufe spülen und bestenfalls direkt befüllen.

TRINKHALME

Was wäre ein Longdrink ohne Strohhalm? Auch die meisten anderen Kaltgetränke verlangen geradezu danach, genüsslich mit einem Trinkhalm verzehrt zu werden. Dies muss jedoch nicht umweltschädlich sein. Plastik-Strohhalme sorgen tagtäglich für riesige Müllberge und werden deshalb auch EU-weit verboten. Das heißt aber nicht, dass man nun ganz auf Trinkhalme verzichten muss. Stattdessen kann man auf nachhaltige Alternativen zurückgreifen, die meist stabiler sind als Plastik-Strohhalme und sich so auch besser zum Umrühren eignen. Bei wiederverwendbaren Trinkhalmen empfiehlt sich zur Reinigung eine passende Bürste, die es oft direkt dazu gibt.

Bambus-Trinkhalme

Bambus wächst schnell nach, ist extrem strapazierfähig und stabil. Hieraus hergestellte Trinkhalme sind besonders leicht, können problemlos mitgenommen und immer wiederverwendet werden.

Edelstahl-Trinkhalme

Es gibt sie in gerade und in typisch geknickter Form sowie in verschiedenen Weiten. Damit eignen sie sich perfekt für cremige Smoothies. Außerdem sind sie eine gute Wahl für To-Go-Drinks.

Essbare Trinkhalme

Mit ihnen lassen sich Getränke auf vielfältige Weise genießen, denn sie können zusätzlichen Geschmack und Süße ins Spiel bringen und hinterher sogar aufgegessen werden. Sie sind zwar nicht gerade langlebig, aber bringen jede Menge Spaß.

Glas-Trinkhalme

Spülmaschinengeeignet und oft verstärkt und somit bruchsicher, bilden Glas-Trinkhalme eine großartige Alternative zu herkömmlichen Strohhalmen aus Plastik. Es gibt sie sowohl durchsichtig als auch aus farbigem Glas.

Makkaroni-Trinkhalme
Richtig gelesen, auch lange Makkaroni eignen sich dank ihrer Form und Beschaffenheit als Trinkhalme. Sie machen vor allem Eindruck in Spritzern und Saftschorlen. Je nach Bedarf kann man sie auf die richtige Größe kürzen. Man kann sie sogar abspülen und wiederverwenden.

Papierstrohhalme
Zwar entsteht auch bei der Verwendung von Papierhalmen Müll, aber immerhin sind sie biologisch abbaubarer als Plastikhalme. Besonders für große Familienfeiern oder ein Picknick mit vielen Personen sind die schlichten oder bunten Halme die bessere Alternative.

EIS

Zum Herstellen kalter Getränke zählen Eiswürfel zu den wichtigsten Zutaten. Grundsätzlich bildet die Basis hierfür Wasser, das nach Belieben durch verschiedene Aromen angereichert werden kann. Geschmack, Form und Qualität des Eises können variieren und haben großen Einfluss auf das spätere Ergebnis des fertigen Getränks.

Herkömmliche Eiswürfel kann man in unterschiedlichen Größen und Qualitäten im Einzelhandel kaufen. Für die eigene Herstellung gibt es viele verschiedene Formen aus Kunststoff oder Silikon – von eckig über rund bis hin zu lustigen Motiven. Diese sind leicht überall erhältlich, wiederverwendbar und somit langfristig günstiger.

Je größer die Eiswürfelform ist, desto optimaler ist der Kühleffekt. Für quadratische Eiswürfel wird ein Durchmaß von mindestens 3–4 cm empfohlen. Am besten kühlen jedoch Kugelformen, die durch ihr geringes Oberflächenvolumen weitaus langsamer schmelzen.

Nicht für alle Getränke sind Eiswürfel oder -kugeln optimal. Viele Rezepte verlangen nach Crushed Ice, also nach klein gehackten Eiswürfeln, die man im Standmixer selbst herstellen oder im Einzelhandel kaufen kann. Crushed Ice eignet sich vor allem für Eisgetränke wie Daiquiris oder Margaritas.

Egal in welcher Form, am schönsten ist das Eis, wenn es klar und rein ist. Die eigene Herstellung von gänzlich klaren Eiswürfeln ist jedoch gar nicht so leicht, da Luft oder

kleinste Verunreinigungen das Eis trüben können. Hierbei hilft, für die Herstellung destilliertes oder abgekochtes Wasser zu verwenden. Außerdem sollte man darauf achten, dass im Tiefkühlfach nur geruchsneutrale Lebensmittel neben den Eiswürfeln gelagert werden, damit der Geschmack nicht übergeht.

Noch ein paar Tipps zur Kühlung von Getränken:

- Hat man selbst kein Tiefkühlfach, kann man fertige Eiswürfel im Einzelhandel bekommen.
- Eiswürfel müssen nicht zwangsläufig aus Wasser bestehen, sondern können aus den verschiedensten Flüssigkeiten hergestellt werden – z. B. aus klaren Fruchtsäften, Tee oder sogar Kaffee (siehe Rezept auf S. 144). Diese geben ihr Aroma dann beim Schmelzen ab. Einen besonders hübschen Effekt erzielt man außerdem, wenn man Beeren, Kräuter oder Fruchtstücke in Eiswürfel miteinfriert.
- Für kalte Drinks, die nicht verwässern sollen, kann man statt Eiswürfel auch gekühlte Gläser benutzen, die man für mindestens 2 Stunden vor dem Servieren in den Tiefkühler stellt. Lagert man grundsätzlich immer ein paar Gläser im Gefrierfach, lassen sich spontan und ohne Eiswürfel kühle Getränke hervorzaubern.

SÜSSUNGSMITTEL

Mit eigens hergestellten Kaltgetränken kann man sich den Sommer im wahrsten Sinne des Wortes versüßen – das Schöne dabei ist, dass man die Menge und die Art des Süßungsmittels selbst bestimmen kann. Hier sind die Vorzüge und Eigenschaften verschiedener Süßungsmittel aufgelistet, die Getränken leicht einen anderen Charakter verleihen können.

Ahornsirup

Gewonnen aus dem Saft des Zuckerahornbaums, wird Ahornsirup in unterschiedliche Geschmackskategorien von AA bis D eingeteilt. Grundsätzlich gilt, je heller der Sirup, desto milder ist er in seinem unverkennbaren karamelligen Geschmack. Dunkler Ahornsirup ab der Kategorie C schmeckt dagegen eher holziger und intensiver.

Brauner Zucker

Dieser wird weniger raffiniert als weißer Zucker und besitzt daher eine leichte Malz- und Karamellnote.

Dicksäfte

Dicksäfte werden aus Obst gepresst, gefiltert und dann eingedickt. Einige Obstdicksäfte punkten, indem sie nicht nur süßen, sondern Getränken zusätzlich mit ihrem

Eigenaroma einen besonderen Geschmack verleihen. Ist dies allerdings nicht gewünscht, greift man am besten zu Agavendicksaft, der den Vorteil hat, bei nur geringer Menge bereits stark zu süßen und dabei recht neutral zu schmecken. Dazu ist er leicht löslich und verstärkt vor allem Fruchtnoten hervorragend.

Honig

Er besteht zu großen Teilen aus Frucht- und Traubenzucker und enthält geringe Mengen an Mineralstoffen und Vitaminen. Der unverwechselbare Geschmack variiert je nach Honigart und kann Aromen von Akazien, Tannen, Lindenblüten oder Lavendel enthalten. Daher ist flüssiger Honig vor allem in Kombination mit Kräutern das perfekte Süßungsmittel.

Vollrohrzucker

Aus dem Saft des Zuckerrohrs hergestellt beinhaltet Vollrohrzucker Vitamin B und Mineralstoffe. Somit ist er die gesündere Alternative zu weißem Zucker, hat aber den Nachteil, dass er schwer löslich ist. Deshalb ist die Verwendung von Vollrohrzucker nur für Getränke empfehlenswert, die vorher aufgekocht werden müssen. Außerdem hat er einen starken an Karamell oder Lakritz erinnernden Eigengeschmack.

Weißer Zucker

Er wird aus Zuckerrüben gewonnen und befindet sich in fast jedem Haushalt. Er bietet sich für Zuckerränder an Gläsern an und hat den Vorteil, keinen zusätzlichen Eigengeschmack beim Süßen abzugeben.

Zuckersirup

In vielen Getränken, besonders in Cocktails, wird Zuckersirup verwendet. Diesen kann man in Glasflaschen abgefüllt im gut sortierten Einzelhandel kaufen oder sehr einfach selbst herstellen. Und so geht's: 3 Teile Zucker und 2 Teile Wasser bei geringer Hitze im Topf unter ständigem Rühren auflösen. Wichtig dabei ist, die Mischung nicht zum Kochen zu bringen! Den fertigen Zuckersirup in eine sterilisierte Flasche füllen und nach Bedarf verwenden.

GETRÄNKE FERMENTIEREN

Lebensmittel, insbesondere Getränke, zu fermentieren beruht auf einer uralten Tradition, deren Ursprünge ins alte Babylon 5 000 Jahre v. Chr. zurückreichen. Auch im alten Ägypten und im alten Mexiko war das Fermentieren eine gängige Methode. Sinn und Zweck bestand früher vor allem darin, Lebensmittel so länger haltbar zu machen. Heute erfolgt die Fermentation hauptsächlich aus Geschmacksgründen.

Man versteht unter Fermentation einen Prozess, bei dem sich Mikroorganismen in organische Stoffe, z. B. in Zucker umwandeln. Dabei gibt es unterschiedliche Arten: zum einen die Fermentation in Anwesenheit von Sauerstoff wie bei der Herstellung von Kombucha oder des Ginger Bug, zum anderen unter Luftausschluss wie bei der Flaschengärung des Ginger Beers. Es kommt ganz darauf an, welche Art von Mikroorganismen im Gärungsprozess dominieren soll.

Alkoholische Getränke wie Wein oder Bier werden durch Fermentation erst möglich gemacht. Sehr geringe Mengen an Alkohol (ca. 0,5 %) entstehen hingegen bei der Fermentation von Essigsäurebakterien wie bei der Herstellung von Kombucha. Diese hat in den letzten Jahren deutlich an Popularität gewonnen, da fermentierte Getränke aufgrund ihrer natürlichen Probiotika als „Superfood" gelten und sich positiv auf die Darmflora auswirken. Superfoods bzw. Superdrinks schmecken unverkennbar säuerlich und können pur oder gemischt genossen werden.

Auch Milchsäurebakterien wurden schon seit langer Zeit in verschiedenen Regionen und Kulturen zur Herstellung diverser Getränke genutzt, aber erst in den letzten Jahrzehnten auch global bekannt. Mit etwas Geduld lassen sich fermentierte Getränke zuhause t herstellen. Anleitungen und Rezepte dazu finden Sie weiter hinten im Buch (siehe Kapitel „Limonaden & Fermentiertes" ab S. 48).

Kombucha

Ursprünglich stammt Kombucha aus der fernöstlichen Mandschurei. Im Laufe der Jahrhunderte hat er langsam seinen Siegeszug in Richtung Europa begonnen. Heute findet er sich auf vielen Speisekarten von modernen Cafés und Bars.
Durch Fermentation von gesüßtem Tee mit einer Kombuchakultur, dem sogenannten SCOBY (Symbiotic Culture of Bacteria and Yeasts, auf Deutsch symbiotische Kultur aus Bakterien und Hefen), kann Kombucha gewonnen werden. Es handelt sich hierbei um einen Zusammenschluss von Hefen und Essigsäurebakterien, die den Zucker und verschiedene im Tee enthaltenen Inhaltsstoffe in gut bekömmliche Säure, Vitamine, Spurenelemente und Kohlensäure umwandeln. Bei diesem Prozess entsteht eine gallertartige Scheibe, die in der Regel oben auf der Teemischung schwimmt. Diese Scheibe bezeichnet man als SCOBY.

Am meisten Spaß macht Kombucha brauen mit einem SCOBY von einem weiteren

Kombucha-Enthusiasten, der gerne teilt. Aber es gibt auch zahlreiche Alternativen. SCOBY-Starter-Sets erhält man sowohl in Pulver- als auch in Festform in Drogeriemärkten, Reformhäusern, online und mittlerweile sogar in Fachgeschäften für Fermente. Ebenfalls denkbar ist die Verwendung eines gekauften, nicht hitzebehandelten und naturbelassenen fertigen Kombuchas. Diesen erkennt man am Bodensatz. So dauert der Brauvorgang zwar etwas länger, allerdings ist man danach stolzer Besitzer eines beliebig oft wiederverwendbaren SCOBYs. Der SCOBY wird nach dem Gärprozess abgespült und mit ca. 200 ml fertigem Kombucha in ein sterilisiertes Schraubglas gefüllt. Das Glas sollte im Kühlschrank aufbewahrt und der SCOBY ca. alle 10 Tage mit Tee und Zucker gefüttert werden, damit er aktiv bleibt.

Ingwer-Bier

Ingwer-Bier wird seit dem 18. Jahrhundert in Großbritannien zubereitet. Obwohl es durch einen Brauvorgang gewonnen wird, handelt es sich hierbei nicht um Bier im klassischen Sinne, auch Alkohol ist in der Regel keiner enthalten.

Benötigt werden nur wenige Zutaten, mit denen eine Starterkultur, der sogenannte Ginger Bug, hergestellt wird. Der Ginger Bug zieht die in der Raumluft enthaltenen Hefen und Milchsäurebakterien an. Sobald diese zu Genüge vorhanden sind, beginnt die Gärung. Nach ca. 1 Woche kann man mit dem eigentlichen Brauvorgang beginnen und sein eigenes köstliches Ingwer-Bier herstellen.

Wasserkefir

Bei Wasserkefir handelt es sich um eine Kultur aus Hefen und Milchsäurebakterien, die sich zu kleinen Körnchen zusammenfügen. Wasserkefir wird zur Fermentation von gesüßtem Wasser mit Früchten verwendet. Erste dokumentierte Vorkommen stammen aus Mexiko zu Beginn des 19. Jahrhunderts. Die Wasserkefirkultur ist in Pulverform in Reformhäusern oder Bioläden erhältlich.

SAFT VS. NEKTAR

Fruchtsaft sollte zu hundert Prozent aus Früchten gewonnen sein. Hierbei unterscheidet man zwischen Direktsaft, der frisch gepresst sofort abgefüllt wird, und dem Fruchtsaftkonzentrat. Letzterem wird erst Wasser entzogen und später wieder zugefügt. Dies senkt die Transportkosten aus exotischen Ländern und gewährleistet eine gleichbleibende Qualität unabhängig von der Ernte.

Nektar hingegen besteht aus einem Gemisch aus Wasser und Fruchtsaft. Typischerweise wird Nektar eher aus säuerlichem Obst wie Kirschen und Johannisbeeren oder aus Fruchtfleisch-reichem Obst wie Bananen hergestellt. Dem Nektar wird üblicherweise noch Zucker beigemischt, da durch das zusätzliche Wasser weniger Fruchtzucker enthalten ist.

FRISCHE FRÜCHTE FÜR VITAMINREICHE GETRÄNKE

Wenn es draußen heiß ist, verspürt man oft weniger Hunger. Aber ganz besonders jetzt, da man so viel schwitzt, benötigt der Körper reichlich Vitamine und Mineralstoffe. Frische Früchte und Beeren sind hierfür eine besonders gut geeignete Nährstoffquelle. Weil Beeren und viele Obstsorten im Sommer Saison haben, kann man sie überall frisch kaufen – ob auf dem Wochenmarkt, an Straßenständen oder im Bio-Supermarkt – und hinterher direkt verarbeiten.

Frische Beeren lassen sich außerdem gut einfrieren. Auch in gekauften, schockgefrosteten Früchten bleiben die Nährstoffe enthalten. Sie sind deshalb eine tolle Alternative. Hierbei ist allerdings zu beachten, dass Schwangere die gefrorenen Beeren einmal abkochen sollten, bevor sie sie weiterverarbeiten und konsumieren.

KRÄUTERGARTEN

Frische Kräuter sind eine wunderbare Zutat in selbst gemixten Getränken – und das nicht nur aus optischen Gründen. Durch die enthaltenen ätherischen Öle sorgen sie für spannende Aromen. Kräuter wie Minze und Melisse haben außerdem eine kühlende Wirkung. Im Sommer findet man frische Kräuter natürlich auf dem Wochenmarkt oder im Einzelhandel, aber es lohnt sich auch, ein paar eigene Kräuter zu pflegen. Dazu braucht man keine großen Flächen. Auch auf dem Balkon oder auf einem Fensterbrett kann man viele Kräuter unterbringen. Besonders geeignet für das Aromatisieren von Getränken sind neben Minze und Melisse noch Thymian, Basilikum, Lavendel und Rosmarin. Ein eigener kleiner Kräutergarten muss auch keinen großen Aufwand machen. Statt mühsam anzupflanzen, kann man bereits ausgewachsene Kräuter im Topf kaufen, die bei guter Pflege lange erhalten bleiben. Je nach Bedarf kann man dann mit einer Schere einzelne Blätter oder Zweige abernten.

DAS BEDEUTEN DIE SYMBOLE BEI DEN REZEPTEN:

1. 2. 3. 4. 5. 6.

1. *Zuckerarm*
Weniger als 9 g Zucker befinden sich in einem Glas (200 ml).

2. *Schnell zubereitet*
In spätestens 20 Minuten steht das Getränk fertig auf dem Tisch.

3. *Perfekt für Kinder*
Fruchtig-süßer Geschmack, knallige Farbe und kein Koffein machen das Rezept zur Lieblingslimonade für Kinder. Dennoch sollten besonders Kinder zuckerhaltige Getränke nur in Maßen trinken, z. B. zu besonderen Anlässen.

4. *Wachmacher*
Dieses Rezept enthält Koffein. Es hat eine anregende Wirkung und ist für empfindliche Menschen und Kinder nicht geeignet.

5. *Vitaminreich*
Besonders viele Vitamine oder andere Nährstoffe enthält ein Glas dieses Getränks. Genaueres finden Sie in der Spalte der Nährwertangaben unter dem Rezepttitel.

6. *Alkoholhaltig*
Dieses Rezept enthält Alkohol.

Die Nährwert-, Zucker-, Vitamin- und Alkoholangaben beziehen sich immer auf die jeweils angegebene Glasmenge.

SAFTIGES

Fruchtsäfte sind nicht nur lecker, auf Eis serviert sorgen sie auch für schnelle Abkühlung. Dazu liefern sie jede Menge Vitamine und Mineralstoffe. Trotzdem sollte man sie in Maßen genießen, da sie auch sehr viel Zucker enthalten. Am besten man verdünnt sie mit Sprudel zu einer spritzigen Schorle – dem perfekten Durstlöscher. Mit Milch oder Joghurt gemixt werden sie zu einem cremigen Shake.

Birnennektar mit Wildblütensalz

400 ml
5 Minuten + Kühlzeit
Pro Glas (200 ml)
39 g Zucker, 130 kcal

ZUTATEN

- 70 g getrocknete Blüten *(z. B. Kapuzinerkresse, Lavendel, Ringelblume, Rose, Löwenzahn)*
- 30 g getrocknete Kräuter *(z. B. Thymian, Rosmarin, Salbei)*
- 100 g Meersalz
- 400 ml Birnennektar

ZUM SERVIEREN

- 2 Handvoll getrocknete bunte Blüten

Die getrockneten Blüten und Kräuter von Stielen befreien und mit dem Salz in einem Mörser fein zerstoßen oder in einer Küchenmaschine zermahlen. Das Wildblütensalz in ein Schraubglas füllen. So hält es sich mehrere Monate und verleiht nicht nur dem Birnennektar, sondern auch anderen Speisen eine kleine Portion Extravaganz.

Den Birnennektar je nach Geschmack mit etwas Wildblütensalz verrühren und ca. 1 Stunde in den Kühlschrank stellen. Je länger die Ziehzeit, desto intensiver ist der Kräutergeschmack.

Zum Servieren den Birnennektar auf Gläser verteilen und mit getrockneten bunten Blüten dekorieren.

Apfelpunsch mit Zitronenthymian im Schraubglas

1,5 l
15 Minuten + Kühlzeit
Pro Glas (250 ml)
33 g Zucker, 158 kcal

ZUTATEN

- 20 g Ingwer
- 15 g getrockneter Zitronenthymian
- 1 Zimtstange
- 1 Sternanis
- 800 ml Apfelsaft

ZUM SERVIEREN

- 3 Bio-Äpfel
- 3 Bio-Limetten
- 6 TL Rosinen
- Zucker *(optional)*

In einem Topf 700 ml Wasser aufkochen. Inzwischen Ingwer schälen und in dünne Scheiben schneiden. Zitronenthymian in einen Teebeutel oder eine Teezange füllen. Den Topf vom Herd nehmen, Ingwer, Zitronenthymian, Zimtstange und Sternanis zugeben und 5 Minuten ziehen lassen. Thymian entfernen, Den Apfelsaft zugießen und gut umrühren. Den Punsch abkühlen lassen, anschließend mindestens 1 Stunde kalt stellen.

Zum Servieren Äpfel und Limetten heiß waschen, in Scheiben schneiden und mit je 1 TL Rosinen auf Schraubgläser verteilen. Punsch zugießen und nach Belieben mit Zucker nachsüßen.

TIPP

Der Apfelsaft lässt sich auch durch Cidre ersetzen, der allerdings erst beim Servieren im Verhältnis 1:1 zuzugeben wird.

Rote-Bete-Ingwer-Smoothie

500 ml
10 Minuten + Kühlzeit
Pro Glas (250 ml)
36 g Zucker, 8 g Fett,
260 kcal

ZUTATEN

- 1 Rote Bete
- 5 g Ingwer
- 1 Limette
- 350 g Joghurt *(3,5 % Fettgehalt)*
- 50 ml Milch
- 2 EL Zucker
- 1 TL Rosenwasser

ZUM SERVIEREN

- 10 Rosenblätter
- 2 Prisen gemahlener grüner Kardamom

Rote Bete und Ingwer schälen und klein schneiden. Die Limette halbieren und den Saft auspressen. Alle Zutaten in einen Mixer geben und schaumig pürieren. Je nach Konsistenz etwas Wasser zufügen. Bei schwächeren Mixern empfiehlt es sich, den Rote-Bete-Ingwer-Drink durch ein Sieb zu streichen. Den Drink mindestens 1 Stunde kalt stellen.

Zum Servieren den Drink auf Milkshake- oder Highball-Gläser verteilen. Mit je 5 Rosenblättern garnieren und mit 1 Prise Kardamom bestreuen.

TIPP

Der Drink schmeckt ebenfalls hervorragend, wenn man die Rote Bete vorab im Backofen bei 200°C Ober- und Unterhitze 15–20 Minuten röstet.

Fresh Orange Bitter

400 ml
10 Minuten
Pro Glas (200 ml)
8 g Zucker, 44 kcal,
0,1 g Alkohol

ZUTATEN

- 4 Nelken
- 6 Eiswürfel *(nach Belieben Orangen-Eiswürfel)*
- 6 Tropfen Orangenbitter *(Angostura)*
- 400 ml frisch gepresster Orangensaft

ZUM SERVIEREN

- 2 Zweige Minze

Die Nelken in einem Mörser fein zerstoßen. Zwei hohe Gläser mit je 3 Eiswürfeln füllen und je 3 Tropfen Orangenbitter zugeben. Den Orangensaft zugießen, das Nelkenpulver darauf verteilen und alles mit einem langen Löffel umrühren.

Zum Servieren die Minze abbrausen, trocken schütteln und die Gläser damit dekorieren.

TIPP

Die Gläser einige Stunden vor dem Servieren ins Tiefkühlfach stellen. So bleibt der Drink besonders lange kühl.

Salty Dog mit oder ohne Wodka

400 ml
5 Minuten + Kühlzeit
Pro Glas (200 ml)
20 g Zucker, 108 kcal
Pro Glas mit Wodka (200 ml)
10 g Zucker, 285 kcal, 33 g Alkohol

ZUTATEN

- 4 Grapefruits

ZUM SERVIEREN

- 30 g Meersalz
- Eiswürfel
- 2 Scheiben Grapefruit

Die Grapefruits halbieren und den Saft auspressen. Es werden ca. 400 ml benötigt.

Zum Servieren das Meersalz leicht zerstoßen und in einen tiefen Teller geben. Die Gläser am Außenrand mit Wasser befeuchten und in das Meersalz tauchen, sodass eine leichte Salzkruste entsteht. Mit Eiswürfeln befüllen, den Grapefruitsaft zugeben und den Salty Dog mit 1 Scheibe Grapefruit garnieren.

TIPP

Für die alkoholische Variante die Hälfte des Grapefruitsafts durch Wodka ersetzen. Beides mischen und gut umrühren.

Quitten-Rosen-Drink mit Melisse

1,5 l
25 Minuten + Kühlzeit
Pro Glas (250 ml)
19 g Zucker, 80 kcal

ZUTATEN

- 1 kg Quitten
- 1 Zitrone
- 1 Vanilleschote
- 5 Kardamomkapseln
- 100 g Zucker
- 100 ml Apfelsaft
- 50 ml Rosenwasser

ZUM SERVIEREN

- 6 Zweige Melisse
- Eiswürfel *(nach Belieben Himbeer-Eiswürfel)*
- Sprudelwasser

Für das Quittenkompott die Quitten schälen, von Kerngehäusen befreien und fein würfeln. Die Zitrone halbieren, den Saft auspressen und sofort über die Quittenstücke geben, sodass sich diese nicht verfärben. Die Vanilleschote längs aufschneiden und das Mark auskratzen. Die Kardamomkapseln eindrücken. Vanillemark und Kardamom mit 500 ml Wasser, Zucker, Apfelsaft und Rosenwasser in einem Topf aufkochen. Die Quittenstücke zugeben und ca. 10 Minuten kochen lassen. Anschließend die Kardamomkapseln entfernen. Das Kompott noch heiß in sterilisierte Gläser füllen. Dunkel gelagert hält es sich so für mehrere Monate.

Zum Servieren die Melisse abbrausen und trocken schütteln. Den Saft des Quittenkompotts durch ein Sieb in mit Eiswürfel gefüllte Gläser geben. Diese mit Sprudelwasser auffüllen und mit je 1 Melissenzweig garnieren.

Gurken-Sellerie-Saft mit Zitrone

400 ml
15 Minuten + Kühlzeit
Pro Glas (200 ml)
12 g Zucker, 70 kcal

ZUTATEN

- 1 ganzer Staudensellerie
- 2 Mini-Gurken
  (ersatzweise 1 Salatgurke)
- 2 Äpfel
- 10 g Ingwer
- 1 Orange
- 1 Zitrone

ZUM SERVIEREN

- Eiswürfel
- 2 Scheiben Bio-Zitrone

Strunk und Blattwerk vom Sellerie entfernen. Ein paar Sellerieblätter waschen, trocken tupfen und für die Deko beiseitelegen. Die Stangen waschen und in Stücke schneiden. Gurken, Äpfel und Ingwer schälen und grob klein schneiden. Alle vorbereiteten Zutaten in einen Mixer geben und glatt pürieren. Den Saft durch ein Sieb streichen, um die Fasern zu entfernen.

Orange und Zitrone halbieren und den Saft auspressen. Den Gurken-Sellerie-Saft mit Orangen- und Zitronensaft mischen und mindestens 1 Stunde kalt stellen.

Zum Servieren zwei Gläser mit ein paar Eiswürfeln füllen. Den Gurken-Sellerie-Saft nochmals umrühren und auf die Gläser verteilen. Mit Zitronenscheiben und Sellerieblättern garnieren.

Yuzu-Granita

400 ml
20 Minuten + Kühlzeit
Pro Glas (200 ml)
78 g Zucker, 333 kcal

ZUTATEN

- 3 Bio-Yuzus
  (ersatzweise 50 ml Yuzusaft vom japanischen Händler)
- 2 Zweige Lavendel
- 150 g Zucker
- 2 große Gurken
- Meersalz

ZUM SERVIEREN

- 2 Stängel Basilikum

Die Yuzus waschen und 2 TL Schale fein abreiben. Die Früchte halbieren, auspressen und den Saft mit 200 ml Wasser, Schalenabrieb und Lavendelzweigen in einem Topf erhitzen. Den Zucker einrühren. Sobald sich der Zucker vollständig gelöst hat und die Mischung wieder aufklart, den Topf vom Herd nehmen und den Sirup auf Raumtemperatur abkühlen lassen. Die Lavendelzweige entsorgen.

Inzwischen die Gurken schälen, in Würfel schneiden und entsaften. Den Gurkensaft mit dem abgekühlten Yuzusirup in ein flaches Gefäß geben, mischen und 4 Stunden in das Gefrierfach stellen. Die Granita jede Stunde einmal umrühren.

Zum Servieren die Basilikumstängel abbrausen, trocken schütteln und die Blätter abzupfen. Die Granita auf zwei Gläser verteilen und mit Basilikum garnieren.

Erdbeer-Lassi

400 ml
15 Minuten + Kühlzeit
Pro Glas (200 ml)
55 g Zucker, 5 g Fett,
317 kcal

ZUTATEN

- 350 g Erdbeeren
- 4 EL Zucker *(ersatzweise Honig)*
- 250 g Joghurt *(3,5 % Fettgehalt)*
- 3 EL Sahne *(optional)*
- ½ TL Rosenwasser

ZUM SERVIEREN

- 2 Erdbeeren
- 2 Zweige Minze

Die Erdbeeren waschen, putzen und in Stücke schneiden. Die Erdbeerstücke mit dem Zucker in einen Mixer geben und glatt pürieren. Joghurt, Sahne und Rosenwasser zufügen und alles mit der Pulse-Funktion cremig mixen. Nach Belieben mit Zucker nachsüßen. Den Erdbeer-Lassi mindestens 1 Stunde in den Kühlschrank stellen.

Zum Servieren die Erdbeeren waschen, putzen und in Scheiben schneiden. Die Minze abbrausen und trocken schütteln. Den Lassi auf hohe Gläser verteilen und mit Minze und Erdbeerscheiben garnieren.

TIPP

An besonders heißen Tagen den Erdbeer-Lassi auf Eis servieren.

Chili-Kokoswasser-shot

1,5 l, 5 Minuten + Ziehzeit
Pro Glas (50 ml) 1 g Zucker, 5 kcal

ZUTATEN

- 1 frische Bird's Eye Chili
- 1,5 l Kokoswasser

ZUM SERVIEREN

- 1 Bund Minze

Die Chili waschen, trocken tupfen, längs halbieren und mit Kokoswasser in ein verschließbares Gefäß geben. Das Chili-Kokoswasser 24 Stunden im Kühlschrank ziehen lassen, anschließend die Chili entfernen.

Zum Servieren die Minze abbrausen und trocken schütteln. Jeweils ein Blatt in ein Shotglas geben. Das Chili-Kokoswasser zugießen.

Himbeer-Shake mit Zitronenmelisse

500 ml, 10 Minuten
Pro Glas (250 ml) 11 g Zucker, 20 g Fett, 265 kcal

ZUTATEN

- 150 g Himbeeren
- 4 Blätter Zitronenmelisse
- 1 EL Zitronensaft
- 250 ml Milch
- 100 g Sahne
- 2 EL Honig *(optional)*

ZUM SERVIEREN

- 8 Eiswürfel
- 2 Blätter Zitronenmelisse

Die Himbeeren verlesen. Die Zitronenmelisse abbrausen und trocken tupfen. Beides mit dem Zitronensaft in einen Mixer geben und fein pürieren. Milch und Sahne zugeben und alles nochmals 30 Sekunden mixen. Bei Bedarf mit Honig nachsüßen.

Zwei hohe Gläser mit je 4 Eiswürfeln füllen und den Himbeer-Shake zugießen. Mit Zitronenmelisse garnieren.

Maracuja-Spritzer mit dunkler Schokolade

400 ml
15 Minuten
Pro Glas (200 ml)
31 g Zucker, 2 g Fett,
160 kcal

ZUTATEN

- 3 Maracujas
- 10 g Zartbitterschokolade *(mind. 70 % Kakaoanteil)*
- 60 ml Zuckersirup
- Sprudelwasser

ZUM SERVIEREN

- Eiswürfel
- Sprudelwasser
- 2 Scheiben Bio-Limette
- 1 TL Schokoladenraspel

Die Maracujas mittig durchschneiden, das Fruchtfleisch und die Kerne mit einem Löffel auslösen und in einem Sieb gründlich ausdrücken. Den Saft auffangen. Die Schokolade im heißen Wasserbad schmelzen, dann mit Zuckersirup und Maracujasaft gut verrühren.

Die Schokoladen-Maracuja-Mischung auf zwei mit Eiswürfeln gefüllte Gläser verteilen. Mit Sprudelwasser aufgießen und mit je 1 Limettenscheibe und ½ TL Schokoladenraspeln garnieren.

TIPP

Anstelle des Sprudels schmeckt auch ein trockener Sauvignon Blanc hervorragend.

Erdbeer-Mandeldrink-Smoothie

500 ml
10 Minuten
Pro Glas (250 ml)
18 g Zucker, 2 g Fett,
107 kcal

ZUTATEN

- 6 Blätter Minze
- 250 g TK-Erdbeeren
- 250 ml Mandeldrink
- 1 TL Vanillezucker
- 2 TL Zitronensaft

ZUM SERVIEREN

- 4 Blätter Minze
- 1 TL Vanillezucker

Die Minze abbrausen und trocken tupfen. Die tiefgefrorenen Erdbeeren mit Mandeldrink, Vanillezucker, Zitronensaft und Minze in einen Mixer geben. Alles in 1 Minute zu einem cremigen Shake pürieren.

Zum Servieren die Minzblätter abbrausen und trocken tupfen. Den Shake auf Gläser verteilen, mit Vanillezucker bestreuen und mit Minze garnieren.

Rhabarbernektar mit Vanille

400 ml
35 Minuten + Kühlzeit
Pro Glas (200 ml)
51 g Zucker, 232 kcal

ZUTATEN

- 300 g Rhabarber
- 1 Zitrone
- 1 Vanilleschote
- 100 g Zucker

ZUM SERVIEREN

- 2 Zweige Rosmarin
- ½ Stängel Rhabarber
- Eiswürfel
- 150 ml Sprudelwasser *(ersatzweise trockener Rosé-Sekt)*

Den Rhabarber waschen, schälen und klein schneiden. Die Zitrone halbieren und den Saft auspressen. Die Vanilleschote längs aufschneiden und das Mark auskratzen. Rhabarber, Zitronensaft, Vanillemark, Zucker und 150 ml Wasser in einen Topf geben und aufkochen. Zugedeckt 20–30 Minuten bei schwacher Hitze köcheln lassen.

Die Rhabarbermischung durch ein Sieb streichen und die Rhabarberstücke auspressen, um keinerlei Saft zu verlieren. Anschließend 30 Minuten kalt stellen.

Zum Servieren den Rosmarin abbrausen. Den halben Rhabarberstängel waschen, schälen und nochmals quer halbieren. Den Rhabarbernektar auf zwei mit Eiswürfeln gefüllte Gläser verteilen und mit Sprudelwasser aufgießen. Mit Rosmarinzweig und Rhabarberstängel garnieren.

Bergamotte-Mandarinen-Saft

400 ml
10 Minuten + Kühlzeit
Pro Glas (200 ml)
9 g Zucker, 53 kcal

ZUTATEN

- 8 Mandarinen *(ersatzweise 200 ml Mandarinensaft)*
- 4 Tropfen Bergamotteöl *(aus dem Reformhaus)*
- 200 ml Sprudelwasser

ZUM SERVIEREN

- 2 Stängel Basilikum
- 2 Zweige Thymian *(ersatzweise Rosmarin)*

Die Mandarinen halbieren und den Saft auspressen. Wenn der Saft zu trüb ist, diesen durch ein Sieb streichen. Den Mandarinensaft mit dem Bergamotteöl mischen und 1 Stunde in den Kühlschrank stellen.

Den Mandarinen-Bergamotte-Saft auf zwei Gläser verteilen und mit Sprudelwasser aufgießen.

Zum Servieren die Kräuter abbrausen und trocken schütteln. Die Gläser mit Basilikumblättern und Thymianzweig garnieren.

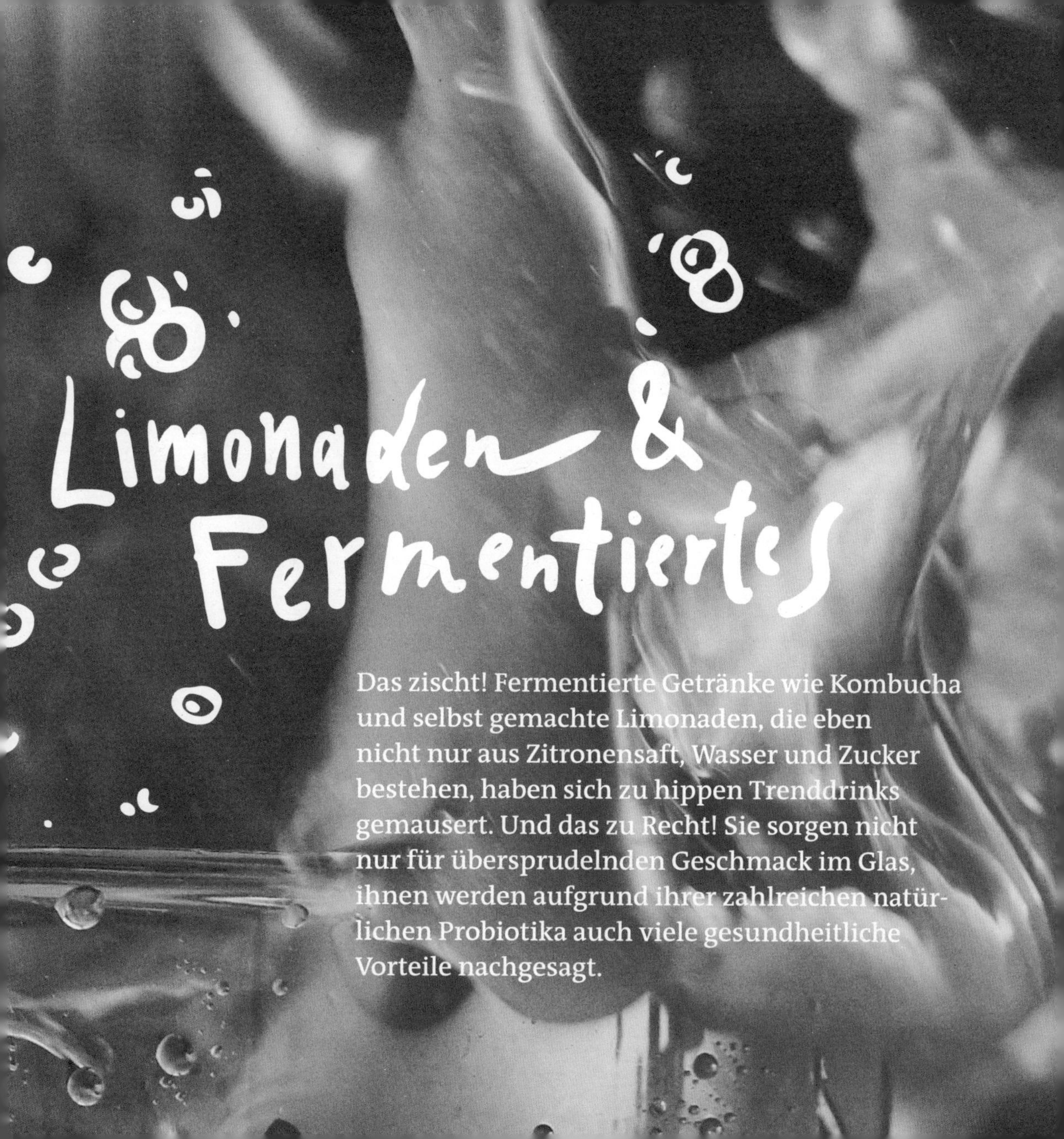

Limonaden & Fermentiertes

Das zischt! Fermentierte Getränke wie Kombucha und selbst gemachte Limonaden, die eben nicht nur aus Zitronensaft, Wasser und Zucker bestehen, haben sich zu hippen Trenddrinks gemausert. Und das zu Recht! Sie sorgen nicht nur für übersprudelnden Geschmack im Glas, ihnen werden aufgrund ihrer zahlreichen natürlichen Probiotika auch viele gesundheitliche Vorteile nachgesagt.

Spritzige Kiwi-Limonade

1,5 l
10 Minuten + Kühlzeit
Pro Glas (250 ml)
30 g Zucker, 175 kcal

ZUTATEN

- 6 Kiwis
- 120 g Zucker
- 10 Zitronen
  (ersatzweise 500 ml gekaufter Zitronensaft)

ZUM SERVIEREN

- 1 Bio-Zitrone
- 1 Kiwi
- Eiswürfel
- Sprudelwasser

Die Kiwis schälen und mit dem Zucker im Mixer pürieren. Die Zitronen halbieren, auspressen und den Saft mit dem Kiwipüree verrühren. Die Mischung 1 Stunde kalt stellen.

Zum Servieren die Zitrone heiß waschen, trocknen und in Scheiben schneiden. Die Kiwi schälen und in Schnitze schneiden. Die Kiwi-Limonade mit ein paar Eiswürfeln auf Gläser verteilen und mit Sprudelwasser auffüllen. Mit Kiwischnitzen und Zitronenscheiben garnieren. Die Gläser mit einem langen Löffel servieren, da sich die Kiwi unten im Glas absetzt.

Ananas-Wasserkefir mit Basilikum

1,5 l
15 Minuten + Fermentationszeit + Kühlzeit
Pro Glas (250 ml)
16 g Zucker, 75 kcal

ZUTATEN

- 1,25 l Wasserkefir *(online erhältlich)*
- 250 ml Ananasnektar
- 15 Blätter Basilikum

ZUM SERVIEREN

- 6 Scheiben Ananas
- 12 Blätter Basilikum

Den Wasserkefir ohne Körnchen mit dem Ananasnektar mischen und gut umrühren. Die Mischung in große sterilisierte Schraubgläser abfüllen und die Basilikumblätter einrühren. Nach oben hin sollte jeweils 3–5 cm Luft sein; die Gläser mit dem Deckel verschließen. Die Flüssigkeit 2 Tage bei Raumtemperatur fermentieren lassen. Anschließend die Gläser in den Kühlschrank stellen.

Zum Servieren die Basilikumblätter entfernen. Den Ananas-Wasserkefir auf Gläser verteilen und jedes Glas mit 1 Scheibe Ananas und 2 Basilikumblättern garnieren.

Tamarinden-Limonade

1,5 l
15 Minuten + Kühlzeit
Pro Glas (250 ml)
5 g Zucker, 30 kcal

ZUTATEN

- 2 gehäufte EL Tamarindenpaste
- 1 Zitrone
- 1 Limette
- 1 Vanilleschote *(ersatzweise 10 Tropfen Vanillearoma)*
- 3 EL Ahornsirup

ZUM SERVIEREN

- 3 Zweige Minze
- 1 Bio-Zitrone
- 1 Bio-Limette
- Eiswürfel

Die Tamarindenpaste in einer Schüssel mit etwas lauwarmem Wasser übergießen. Die Fruchtmasse vorsichtig zerdrücken und etwaige Kerne entfernen.

Zitrone und Limette halbieren, den Saft in eine Schüssel auspressen. Tamarindenpaste und 1,5 l Wasser einrühren. Die Flüssigkeit nach Belieben durch ein Sieb streichen, um den faserigen Teil des Fruchtfleischs zu entfernen. Die Vanilleschote längs aufschneiden, das Mark auskratzen und zugeben. Alles mit Ahornsirup abschmecken und 1 Stunde kalt stellen.

Zum Servieren die Minze abbrausen, trocken schütteln und die Blätter abzupfen. Zitrone und Limette heiß waschen und in Schnitze schneiden. Eiswürfel auf Gläser verteilen, mit Limonade auffüllen und mit Minze und Zitrusschnitzen garnieren.

Kombucha-Grundrezept

1,5 l
20 Minuten + Kühlzeit + Fermentationszeit
Pro Flasche (500 ml)
ca. 26 g Zucker, 105 kcal

ZUTATEN

- 1 gehäufter EL Schwarztee *(ersatzweise 3–4 Teebeutel)*
- 100 g Zucker
- SCOBY *(ersatzweise nicht hitzebehandelter Kombucha mit Bodensatz)*

ZUM SERVIEREN

- 3 sterilisierte Flaschen *(à 500 ml)*

Den Tee in 1,5 l Wasser aufkochen, unter Rühren den Zucker zugeben und 15 Minuten köcheln lassen. Den Topf vom Herd nehmen. Sobald der Tee vollständig abgekühlt ist, die Teeblätter entfernen und die Flüssigkeit in ein sterilisiertes Glasgefäß mit weitem Hals umfüllen. SCOBY (oder 100 ml gekauften Kombucha) zugeben und das Gefäß mit einem feinmaschigen Tuch abdecken. Dieses am besten mit einem Gummiband fixieren. Bei Raumtemperatur ohne direkte Sonneneinstrahlung lagern.

Die symbiotische Kultur von Bakterien und Hefen (SCOBY) fermentiert das Gemisch aus Tee und Zucker zu Kombucha. Ab ca. 1 Woche den entstandenen Kombucha probieren, um die gewünschte Balance von Zucker und Säure zu finden. Generell gilt: Je länger die Fermentationszeit, desto saurer das Endprodukt. Ist die richtige Balance erreicht, den SCOBY entnehmen und den Kombucha durch ein Kunststoffsieb in Flaschen abfüllen. Am besten vor dem Verzehr kalt stellen.

Blaubeer-Ingwer-Kombucha

1,5 l
15 Minuten + Kühlzeit + Fermentationszeit
Pro Flasche (500 ml)
36 g Zucker, 153 kcal

ZUTATEN

- 100 g Blaubeeren
- 1 EL geschälter, geriebener Ingwer
- 2 EL Zucker
- 1,3 l Kombucha *(selbst gemacht siehe S. 56; ersatzweise Kombucha vom Händler)*

ZUM SERVIEREN

- 3 sterilisierte Flaschen (à 500 ml)

Blaubeeren verlesen, mit Ingwer, Zucker und 200 ml Wasser in einem kleinen Topf aufkochen und 10 Minuten köcheln lassen. Die Beeren durch gelegentliches Umrühren klein drücken. Die Mischung anschließend durch ein Sieb streichen, um Schalen und Ingwer zu entfernen, und vollständig abkühlen lassen. Dann mit dem Kombucha verrühren.

Den Blaubeer-Kombucha in Flaschen abfüllen und 2–3 Tage bei Raumtemperatur ohne direkte Sonneneinstrahlung fermentieren lassen. 1–2 Stunden vor dem Verzehr kalt stellen.

TIPP

Keine Sorge – schon nach 1 Tag kann sich ein neuer SCOBY bilden. Dieser zeigt lediglich, wie gut die Kultur arbeitet. Sofern unerwünscht, kann der SCOBY vorab dekantiert werden.

Kaffee-Kombucha

1,5 l
5 Minuten + Kühlzeit + Fermentationszeit
Pro Flasche (500 ml)
34 g Zucker, 138 kcal

ZUTATEN

- 1,5 l frisch gebrühter Kaffee
- 125 g Zucker
- SCOBY *(aus Eigenproduktion; ersatzweise vom Händler)*

ZUM SERVIEREN

- 3 sterilisierte Flaschen *(à 500 ml)*

Den frisch gebrühten Kaffee mit dem Zucker verrühren und abkühlen lassen. Sofern noch Kaffeepulver in der Mischung vorhanden ist, dieses unbedingt herausfiltern.

Die Kaffee-Zucker-Mischung in ein großes sterilisiertes Glasgefäß mit weiter Öffnung umfüllen und den SCOBY zugeben. Mit einem feinmaschigen Tuch abdecken und dieses mit einem Gummiband fixieren.

Den Kaffee-Kombucha bei Raumtemperatur ohne direkte Sonneneinstrahlung 7–10 Tage fermentieren lassen. Nach 1 Woche den Kombucha probieren, um die richtige Balance aus Zucker und Säure zu finden.

Zum Servieren den fertigen Kaffee-Kombucha in Flaschen umfüllen und kalt stellen.

Wassermelonen-Limonade

1,5 l
15 Minuten + Kühlzeit
Pro Glas (250 ml)
23 g Zucker, 108 kcal

ZUTATEN

- 1 mittelgroße Wassermelone *(ca. 1 kg)*
- 6 Zitronen *(ersatzweise 200 ml gekaufter Zitronensaft)*
- 100 g Zucker

ZUM SERVIEREN

- 6 Zweige Minze
- Eiswürfel

Die Wassermelone schälen, das Fruchtfleisch im Mixer glatt pürieren und durch ein Sieb streichen. Die Zitronen auspressen. 500 ml Wasser mit Zitronensaft und Zucker verrühren. Sobald sich dieser vollständig gelöst hat, das Wassermelonenpüree zugeben und alles gut vermischen. Die Limonade 1 Stunde kalt stellen. Anschließend nochmals gut umrühren.

Zum Servieren die Minze abbrausen und trocken schütteln. In jedes Glas ein paar Eiswürfel geben und die Limonade zugießen. Mit Minze garnieren.

Matcha-Limonade

400 ml
10 Minuten + Kühlzeit
Pro Glas (200 ml)
5 g Zucker, 33 kcal

ZUTATEN

- 2 Zitronen
- 1 EL Zuckersirup
- 1 TL Matcha-Pulver

ZUM SERVIEREN

- 2 Zweige Minze
- Eiswürfel

Die Zitronen auspressen. Den Saft mit 300 ml kaltem Wasser, Zuckersirup und Matcha-Pulver in einen Shaker geben und 20–30 Sekunden kräftig schütteln.

Zum Servieren die Minze abbrausen und trocken schütteln. Die Gläser mit ein paar Eiswürfeln füllen, die Matcha-Limonade zugießen und mit Minze dekorieren.

TIPP

Um dem Ganzen einen Showeffekt zu verleihen, kann der Drink auch in zwei Schichten serviert werden. Hierfür zunächst den Zitronensaft, Zuckersirup und 150 ml Wasser im Shaker mixen und den Inhalt auf die mit Eiswürfeln vorbereiteten Gläser verteilen. Den Shaker mit Wasser ausspülen und direkt im Anschluss mit 150 ml Wasser und dem Matcha-Pulver befüllen. 20–30 Sekunden gut mischen. Nun den Matcha auf die Limonade gießen, so entsteht ein schöner Schichteffekt.

Selbst gemachtes Ingwer-Bier

8 l
2 Stunden + Brauzeit + Kühlzeit
Pro Flasche (500 ml)
65 g Zucker, 267 kcal

ZUTATEN

Für den Starter:

- 140 g geschälter, geriebener Ingwer
- 140 g Zucker

Für das Ingwer-Bier:

- 4 Bio-Zitronen
- 200 g geschälter, geriebener Ingwer
- 900 g Zucker

ZUM SERVIEREN

- 16 dicht schließende, sterilisierte Schnappbügelflaschen *(à 500 ml)*

Für den Starter, den sogenannten Ginger Bug, an Tag 1 20 g geriebenen Ingwer, 20 g Zucker und 500 ml Wasser in ein weithalsiges Gefäß geben und gut vermischen. Das Gefäß mit einem feinmaschigen Tuch abdecken und dieses mit einem Gummiband verschließen, sodass keine ungebetenen Gäste wie Fliegen ihren Weg in den Starter finden. Das Gefäß bei Raumtemperatur vor direkter Sonneneinstrahlung geschützt lagern.

An den darauffolgenden 6 Tagen jeweils 20 g Zucker und 20 g geriebenen Ingwer zugeben und gut umrühren. Sobald der Starter leichte Blasen schlägt und der Ingwer obenauf schwimmt, ist die Zeit zum Brauen gekommen. Sollte dies nach 1 Woche noch nicht der Fall sein, haben womöglich die benötigten Mikroorganismen ihren Weg aus der Luft noch nicht in die Starter-Kultur gefunden. In diesem Fall sind noch ein paar weitere Tage mit oben genannter Vorgehensweise notwendig. Vor dem Brauen den Starter durch ein Sieb streichen, sämtliche Flüssigkeit auffangen, Ingwer auspressen und entsorgen.

Für das Ingwer-Bier die Zitronen heiß waschen, trocknen und die Schale fein abreiben. In einem großen Topf 7,5 l Wasser erhitzen. Zitronenschale mit 100 g geriebenem Ingwer und dem Zucker darin 10 Minuten köcheln lassen. Die Zitronen auspressen und den Saft mit dem restlichen Ingwer in die abgekühlte Flüssigkeit geben. Für 1 Stunde ziehen lassen. Vor dem Abfüllen die Mischung durch ein Sieb streichen und den Ingwer so gut es geht ausdrücken, um möglichst keine Flüssigkeit zu verlieren. Dann die Starter-Kultur zugeben, alles gut umrühren und in die Flaschen abfüllen. Das Ingwer-Bier 2 Wochen bei normaler Raumtemperatur und ohne direktes Sonnenlicht lagern. Vor dem Servieren kalt stellen.

TIPP

Während der Lagerzeit werden der Zucker verstoffwechselt und Kohlensäure gebildet. Um die Karbonisierung zu überprüfen, eine kleine Menge Ingwer-Bier in eine PET-Flasche füllen und diese fest verschließen. Bläht sich diese mit der Zeit auf, verläuft alles nach Plan.

Ingwer-Kurkuma-Limonade

600 ml Sirup
25 Minuten + Kühlzeit
Pro Glas Limonade (400 ml)
54 g Zucker, 230 kcal

ZUTATEN

- 130 g geschälter, gewürfelter Ingwer
- 30 g geschälte, gewürfelte Kurkuma
- 325 g Zucker

ZUM SERVIEREN

- 600 g Crushed Ice
- 180 ml frisch gepresster Zitronensaft
- 6 Zweige Minze *(ersatzweise Melisse)*
- 6 Scheiben Bio-Zitrone
- Sprudelwasser

In einem Topf 700 ml Wasser mit Ingwer, Kurkuma und Zucker aufkochen. Alles bei mittlerer Hitze 15 Minuten köcheln lassen. Den Sirup abkühlen lassen, durch ein Sieb in eine Flasche abgießen und 2 Stunden kalt stellen.

Zum Servieren je ein großes Glas mit 100 g Eis füllen. Jeweils 100 ml Sirup und 30 ml Zitronensaft darübergießen, dann einen Zweig Minze und eine Scheibe Zitrone in das Glas geben. Die Ingwer-Kurkuma-Limonade bis 1 cm unter dem Rand mit Sprudelwasser aufgießen.

Hibiskus-Kombucha mit rosa Pfeffer

1,5 l
20 Minuten + Fermentationszeit + Kühlzeit
Pro Flasche (500 ml)
26 g Zucker, 105 kcal

ZUTATEN

- 1 gehäufter TL rosa Pfeffer
- 50 g getrocknete Hibiskusblüten
- 100 g Zucker
- SCOBY *(aus Eigenproduktion; ersatzweise vom Händler)*

ZUM SERVIEREN

- 3 sterilisierte Flaschen *(à 500 ml)*

Rosa Pfeffer im Mörser zerstoßen. 1,5 l Wasser in einem Topf erhitzen und die Hibiskusblüten mit dem rosa Pfeffer darin aufkochen. Unter Rühren den Zucker zugeben und alles 15 Minuten köcheln lassen. Sobald die Flüssigkeit vollständig abgekühlt ist, diese durch ein Sieb in ein sterilisiertes Glasgefäß mit weitem Hals umfüllen. Hibiskusblüten und rosa Pfeffer entsorgen. SCOBY zugeben und das Gefäß mit einem feinmaschigen Tuch abdecken, dieses mit einem Gummiband fixieren. Den Kombucha bei Raumtemperatur lagern und von direkter Sonneneinstrahlung fernhalten.

Sobald sich nach 7–10 Tagen die gewünschte Balance von Zucker und Säure eingestellt hat, den SCOBY entnehmen und den Kombucha in die Flaschen abfüllen. Vor dem Verzehr mindestens 1 Stunde kalt stellen.

Sparkling Cranberry Kombucha

400 ml
10 Minuten
Pro Glas (200 ml)
10 g Zucker, 45 kcal

ZUTATEN

- 10 g Ingwer
- 1 Zweig Rosmarin
- 350 ml Kombucha *(siehe Grundrezept auf S. 56)*
- 50 ml Cranberrysaft

ZUM SERVIEREN

- Eiswürfel
- 2 Scheiben Ingwer
- 2 Zweige Rosmarin
- 2 Cranberrys
- Sprudelwasser *(optional)*

Ingwer schälen, Rosmarin abbrausen und trocken schütteln. Beides in einen Mörser geben und mit einem Stößel ausquetschen. Den so gewonnenen Saft durch ein Sieb zum Kombucha geben. Um nicht zu viel Kohlensäure zu verlieren, vorsichtig den Cranberrysaft zugießen und nur leicht umrühren.

Zwei Gläser mit reichlich Eiswürfeln füllen und den Cranberry-Kombucha zugießen. Die Gläser mit Ingwer, Rosmarin und Cranberry dekorieren. Je nachdem, wie stark der Kombucha sprudelt, evtl. noch einen Schuss Sprudelwasser zugeben.

Rosen-Orangen-Limonade

1,5 l
15 Minuten + Kühlzeit
Pro Glas (250 ml)
21 g Zucker, 94 kcal

ZUTATEN

- 3 Orangen
- 2 Zitronen
- 100 g Zucker
- 2 EL Rosenwasser

ZUM SERVIEREN

- 1 Bio-Zitrone
- Eiswürfel

Die Orangen und Zitronen halbieren, den Saft auspressen und mit 200 ml Wasser in einen kleinen Topf geben. Alles langsam erhitzen, den Zucker zugeben und den Sirup 10 Minuten bei mittlerer Hitze köcheln lassen. Vom Herd nehmen und auf Raumtemperatur abkühlen lassen. Den Sirup anschließend 2 Stunden kalt stellen.

Vor dem Servieren den Sirup mit 1 l Wasser und dem Rosenwasser mischen und gut umrühren. Die Zitrone heiß waschen, trocknen und in Scheiben schneiden. Die Rosen-Orangen-Limonade in mit Eiswürfel gefüllte Gläser geben und mit Zitronenscheiben garnieren.

Selbst gemachter Löwenzahnsirup

1,5 l
20 Minuten + Ziehzeit
Pro Glas (250 ml)
20–50 g Zucker,
81–202 kcal

ZUTATEN

- 150 g Löwenzahnblüten *(am besten von einer Wiese fernab einer Straße)*
- 1 Bio-Zitrone
- 1,5 kg Zucker

ZUM SERVIEREN

- Minze
- Eiswürfel
- Eiskaltes Sprudelwasser

Die Löwenzahnblüten waschen und den grünen Teil entfernen, sodass nur die gelben Blütenblätter übrig bleiben. Diese in einen Topf geben, mit 1,5 l Wasser aufgießen und 1–2 Stunden ziehen lassen. Dann 5 Minuten köcheln und anschließend wieder abkühlen lassen. Die Blüten abdecken und über Nacht bei Raumtemperatur lagern. Am nächsten Tag die Flüssigkeit durch ein Sieb in einen anderen Topf geben, dabei die Blüten gut ausdrücken, sodass möglichst keine Flüssigkeit verloren geht.

Die Zitrone heiß waschen, trocknen, die Schale abreiben und den Saft auspressen. Beides zum Löwenzahnwasser geben. Zucker unterrühren und alles langsam aufkochen, bis sich der Zucker gelöst hat. Den Sirup 10 Minuten köcheln lassen, dann in sterilisierte Gläser füllen. So hält er sich mehrere Monate.

Zum Servieren die Minze abbrausen und trocken schütteln. Je nach Geschmack 20–50 ml Sirup in ein Glas mit Eiswürfeln geben, mit Sprudelwasser auffüllen und mit Minze garnieren.

Balsamico-Himbeer-Schorle mit Rosmarin

1,5 l
10 Minuten + Kühlzeit
Pro Glas (250 ml)
7 g Zucker, 42 kcal

ZUTATEN

- 1 Zitrone
- 2 Zweige Rosmarin
- 300 g Himbeeren
- 30 g Zucker
- 1 EL Balsamico-Essig
- 1,3 l Sprudelwasser

ZUM SERVIEREN

- 1 Handvoll Himbeeren *(optional)*
- 6 Zweige Rosmarin
- Eiswürfel

Die Zitrone halbieren und den Saft auspressen. Die Rosmarinzweige abbrausen, trocken schütteln und die Nadeln abzupfen. Die Himbeeren verlesen und mit Zitronensaft, Rosmarinnadeln, Zucker und Balsamico-Essig im Mixer fein pürieren. Die Mischung anschließend durch ein Sieb streichen und 1 Stunde in den Kühlschrank stellen.

Die Himbeermischung in einer Karaffe mit Sprudelwasser aufgießen und behutsam umrühren.

Zum Servieren die Himbeeren (falls verwendet) verlesen. Die Rosmarinzweige abbrausen und trocken schütteln. Die Schorle auf mit Eiswürfel gefüllte Gläser verteilen und mit Himbeeren und Rosmarinzweigen dekorieren.

Sanddorn & Orange

400 ml
20 Minuten + Kühlzeit
Pro Glas (200 ml)
23 g Zucker, 124 kcal

ZUTATEN

- 50 g Sanddorn mit Blättern *(ersatzweise 200 ml Sanddornsaft aus dem Reformhaus)*
- 1 EL Honig
- 2 Orangen

ZUM SERVIEREN

- Eiswürfel
- 2 Zimtstangen *(optional)*

Den Sanddorn im Mörser zerstoßen, bis Saft austritt. In einem kleinen Topf 200 ml Wasser erhitzen. Sanddorn mit Blättern und Honig darin aufkochen und 15 Minuten köcheln lassen. Anschließend die Orangen auspressen und den Saft zugeben. Die Sanddorn-Orangen-Mischung abkühlen lassen, durch ein Sieb streichen und 2 Stunden kalt stellen.

Eiswürfel auf Gläser verteilen und den Sanddorn-Orangen-Saft zugießen. Die Gläser nach Belieben mit Zimtstangen als Strohhalmersatz servieren.

Mock- & Cocktails

Was gibt es Schöneres als einen lauen Sommerabend auf dem Balkon, der Terrasse oder im Garten? Dazu leckeres Essen vom Grill, die besten Freunde um einen herum, entspannte Musik und einen kühlen Drink in der Hand. Egal ob mit oder ohne Alkohol – diese Mock- und Cocktails machen garantiert gute Laune.

Johannisbeer-Caipirinha

400 ml
5 Minuten
Pro Glas (200 ml)
27 g Zucker, 219 kcal,
13 g Alkohol

ZUTATEN

- 100 g rote Johannisbeeren
- 1 Bio-Limette
- 2 EL Zucker
- 80 ml Cachaça *(ersatzweise Wodka)*

ZUM SERVIEREN

- Crushed Ice
- Sprudelwasser
- 2 TL Puderzucker
- 2 Johannisbeerrispen
- 2 Strohhalme

Die Johannisbeeren waschen, mit einer Gabel vom Stiel trennen und auf zwei stabile Gläser verteilen. Die Limette heiß waschen, trocknen und achteln. Jeweils 4 Limettenschnitze zu den Johannisbeeren geben. Beides mit einem Stößel kräftig zerdrücken. Pro Glas 1 EL Zucker und 40 ml Cachaça zugeben.

Zum Servieren die Gläser bis zum Rand mit Crushed Ice auffüllen, mit Sprudelwasser aufgießen, je 1 TL Puderzucker zugeben und umrühren. Jeweils 1 Johannisbeerrispe an den Rand stecken und die Caipirinhas mit Strohhalmen servieren.

MARGARITA

360 ml
5 Minuten
Pro Glas (200 ml)
10 g Zucker, 214 kcal,
23 g Alkohol

ZUTATEN

- 120 ml Limettensaft
- 180 ml weißer Tequila
- 60 ml Triple Sec *(ersatzweise anderer Orangenlikör)*
- 100 g Eiswürfel

ZUM SERVIEREN

- 30 g Meersalz

Limettensaft, Tequila, Triple Sec und Eiswürfel in einen Shaker geben und mindestens 30 Sekunden kräftig schütteln.

Zum Servieren das Meersalz leicht zerstoßen und in einen tiefen Teller geben. Zwei Martinigläser am Außenrand mit Wasser befeuchten und in das Meersalz tauchen, sodass eine Salzkruste entsteht. Die Margarita durch ein Sieb in die Gläser abseihen und sofort servieren.

Sake Mojito

400 ml
10 Minuten
Pro Glas (200 ml)
17 g Zucker, 208 kcal,
3 g Alkohol

ZUTATEN

- 12 Blätter Minze
- 1 Bio-Limette
- 4 TL Zucker
- Crushed Ice
- 200 ml Sake
- 100 ml Sprudelwasser

ZUM SERVIEREN

- 2 Strohhalme

Die Minzblätter abbrausen und trocken schütteln. Die Limette heiß waschen, trocknen und in 2 cm große Stücke schneiden. Die Limettenstücke auf zwei stabile Gläser verteilen. Je 2 TL Zucker und 6 Blätter Minze zugeben und die Limetten mit einem Stößel oder Holzlöffelstiel zerdrücken.

Die Gläser bis zur Hälfte mit Crushed Ice auffüllen, dann je 100 ml Sake und 50 ml Sprudelwasser zugießen. Die Drinks mit einem langen Löffel einmal umrühren. Die Sake Mojitos mit Strohhalm servieren.

Granatapfel-Spritz

400 ml
15 Minuten + Kühlzeit
Pro Glas (200 ml)
19 g Zucker, 144 kcal,
8 g Alkohol

ZUTATEN

- 2 Granatäpfel
- 200 ml Prosecco
  (ersatzweise trockener Sekt)

ZUM SERVIEREN

- 1 Bio-Limette
- 2 Zweige Rosmarin

Die Granatäpfel entkernen. Hierfür an der Krone einschneiden, diese entfernen und die Granatäpfel mittig durchschneiden. Um die einzelnen Kerne herauszulösen, empfiehlt sich das Arbeiten unter Wasser, z. B. in einer Schüssel. Die ausgelösten Kerne im Mixer pürieren und anschließend mit etwas Nachdruck durch ein Sieb streichen, sodass nichts vom kostbaren Saft zurückbleibt. Den Granatapfelsaft 1 Stunde kalt stellen.

Zum Servieren die Limette heiß waschen und trocknen. Mit einem Sparschäler zwei lange schmale Stücke abschneiden und spiralförmig eindrehen. Rosmarin abbrausen und trocken schütteln. Zwei Sektgläser zu einem Drittel mit Granatapfelsaft füllen, dann mit Prosecco aufgießen und mit Rosmarin und Limettenzeste garnieren.

Bullshot

400 ml, 5 Minuten
Pro Glas (200 ml)
0 g Zucker, 1 g Fett, 110 kcal, 13 g Alkohol

ZUTATEN

- 300 ml Rinderkraftbrühe
- 80 ml Wodka
- 20 ml frisch gepresster Zitronensaft
- 3 Spritzer Worcestershiresauce
- 6 Eiswürfel
- Salz, Pfeffer
- Tabasco

ZUM SERVIEREN

- Eiswürfel
- 2 Bio-Zitronenschnitze

Rinderkraftbrühe, Wodka, Zitronensaft und Worcestershiresauce in einem Rührglas mit Eiswürfeln mischen. Den Bullshot mit Salz, Pfeffer und Tabasco würzen.

Zwei Gläser mit Eiwürfeln und dem Bullshot füllen und mit Zitronenschnitzen dekorieren.

Piña Colada

400 ml, 10 Minuten
Pro Glas (200 ml)
13 g Zucker, 9 g Fett, 291 kcal, 20 g Alkohol

ZUTATEN

- 180 g geschälte reife Ananas
- 120 ml puertoricanischer Rum
- 100 ml Kokosmilch

ZUM SERVIEREN

- 2 Stücke Ananas
- Eiswürfel

Die Ananas in Stücke schneiden und mit Rum und Kokosmilch im Mixer glatt pürieren.

Zum Servieren die Ananasstücke keilförmig zuschneiden. Eiswürfel auf Gläser verteilen, die Piña Colada zugießen und mit den Ananasstücken garnieren.

Tonkabohnen-Milk-Shake mit Mandellikör

500 ml
10 Minuten
Pro Glas (250 ml)
35 g Zucker, 14 g Fett, 400 kcal, 14 g Alkohol

ZUTATEN

- 1 Bio-Orange
- ½ Tonkabohne
- 200 g Vanilleeiscreme
- 100 ml Milch
- 100 ml Mandellikör

ZUM SERVIEREN

- 2 Strohhalme

Die Orange heiß waschen, trocknen und 1 TL Schale fein abreiben. Die Frucht halbieren und den Saft auspressen. Die halbe Tonkabohne fein reiben. Vanilleeis, Milch und Mandellikör mit Orangenabrieb, -saft und geriebener Tonkabohne in einen Mixer geben. Alles auf hoher Stufe in 1 Minute cremig pürieren.

Den Shake auf zwei große gekühlte Gläser verteilen und mit Strohhalmen servieren.

Birnen-Orangen-Spritz

400 ml, 10 Minuten
Pro Glas (200 ml)
18 g Zucker, 178 kcal, 14 g Alkohol

ZUTATEN

- 100 ml Birnennektar
- 100 ml frisch gepresster Orangensaft
- 50 ml Aperol
- 150 ml Prosecco

ZUM SERVIEREN

- 2 Zweige Rosmarin
- 8 Eiswürfel

Zum Servieren die Rosmarinzweige abbrausen und quer in zwei große Weingläser legen. Je 4 Eiswürfel zugeben.

Birnennektar, Orangensaft und Aperol auf die Gläser verteilen. Alles einmal mit einem langen Löffel umrühren und die Gläser mit dem Prosecco aufgießen.

London Buck

400 ml, 5 Minuten
Pro Glas (200 ml)
14 g Zucker, 190 kcal, 19 g Alkohol

ZUTATEN

- ½ Zitrone
- 100 ml Gin
- 300 ml Ginger Ale

ZUM SERVIEREN

- Eiswürfel

Die Zitronenhälfte auspressen und den Saft auf zwei mit Eiswürfeln gefüllte Gläser verteilen. Zunächst jeweils 50 ml Gin und dann 150 ml Ginger Ale zugeben und behutsam umrühren. Sofort servieren.

TIPP

Für eine besonders erfrischende alkoholfreie Variante einige Eiswürfel in ein Longdrinkglas füllen. Dieses zu gleichen Teilen mit Ginger Ale und Ginger Beer auffüllen. Zitronen- oder Limettenscheibe zugeben und alles einmal mit einem langen Löffel umrühren.

Gin Traube

500 ml, 10 Minuten
Pro Glas (250 ml)
18 g Zucker, 223 kcal, 20 g Alkohol

ZUTATEN

- 8 Eiswürfel
- 80 ml Gin
- 200 ml Traubensaft
- 120 ml Prosecco
- 100 ml Sprudelwasser

ZUM SERVIEREN

- 4 Blätter Basilikum

Die Eiswürfel auf zwei große Weingläser verteilen. Je 40 ml Gin und 100 ml Traubensaft darübergeben. Dann jeweils 60 ml Prosecco zugießen und die Gläser mit dem Sprudelwasser auffüllen.

Zum Servieren das Basilikum abbrausen und den Gin Traube damit dekorieren.

Gin & Tonic

480 ml, 10 Minuten
Pro Glas (240 ml)
18 g Zucker, 180 kcal, 15 g Alkohol

ZUTATEN

- 80 ml Gin
- 400 ml Tonic Water
- 8 Eiswürfel

ZUM SERVIEREN

- 2 Scheiben Bio-Zitrone

Zwei gekühlte Gläser mit je 40 ml Gin füllen. Die Flasche Tonic Water öffnen (nicht schon vorher, damit keine Kohlensäure entweicht) und langsam in die Gläser füllen, dann die Eiswürfel zugeben. Den Drink mit einem langen Löffel vorsichtig umrühren. Zum Servieren die Gläser mit Zitronenscheiben garnieren.

TIPP

Wer mag, verfeinert den Gin Tonic mit Kräutern, Gewürzen oder Früchten – beispielsweise mit frischen Rosmarinzweigen und leicht zerstoßenen Wacholderbeeren.

Cherry Sour

1 l Shrub
15 Minuten + Ziehzeit
Pro Glas Cherry Sour (200 ml)
18 g Zucker, 208 kcal, 17 g Alkohol

ZUTATEN

Shrub:
- 1 kg Sauerkirschen
- 300 g Zucker
- 300 ml Apfelessig

Cherry Sour:
- 100 ml Straight Rye Whiskey *(ersatzweise Bourbon Whiskey)*
- 60 ml Shrub *(siehe oben)*
- 20 ml Zuckersirup
- Eiswürfel
- 1 frisches Eiweiß

ZUM SERVIEREN

- Eiswürfel

Für den Shrub die Kirschen waschen, in ein sterilisiertes Gefäß geben und leicht eindrücken. Mit Zucker bestreuen und 2 Tage zugedeckt im Kühlschrank ziehen lassen. Dann die Kirschen durch ein Sieb abgießen und entsorgen, die Kirschflüssigkeit auffangen und in einem sauberen Gefäß mit Essig mischen. Nach 1 Woche im Kühlschrank ist der Shrub einsatzbereit.

Für den Cherry Sour Whiskey, Shrub und Sirup in einem mit Eiswürfeln gefüllten Shaker einige Sekunden schütteln. Eiweiß zugeben und weitere 10 Sekunden schütteln. Zum Servieren den Cherry Sour auf mit Eiswürfeln gefüllte Gläser verteilen.

Shirley Ginger

500 ml, 10 Minuten
Pro Glas (250 ml)
30 g Zucker, 168 kcal

ZUTATEN

- 300 ml Ginger Beer *(siehe S. 67)*
- 150 ml Sprudelwasser
- 50 ml Grenadinesirup
- 6 TL Limettensaft

ZUM SERVIEREN

- 8 Eiswürfel
- 2 Cocktailkirschen

Ginger Beer, Sprudelwasser, Grenadinesirup und Limettensaft in eine Karaffe geben und mit einem langen Löffel umrühren.

Zum Servieren je 4 Eiswürfel auf zwei Longdrinkgläser verteilen, den Shirley Ginger darübergießen. Mit Cocktailkirschen dekorieren.

Sparkling Orange Cidre

1,5 l, 15 Minuten + Kühlzeit
Pro Glas (250 ml)
17 g Zucker, 124 kcal, 6 g Alkohol

ZUTATEN

- 1 l trockener Apfelcider
- 500 ml Orangensaft
- 3 EL Honig
- 1 TL Piment

ZUM SERVIEREN

- Eiswürfel

500 ml Cider in einem Topf mit Orangensaft, Honig und Piment aufkochen und 10 Minuten bei niedriger Hitze köcheln lassen. Durch ein Sieb abgießen und auf Raumtemperatur abkühlen lassen.

Zum Servieren in jedes Glas ein paar Eiswürfel geben. Die Gläser zur Hälfte mit Cider-Orangensaft-Mischung füllen und mit dem restlichen frischen Cider aufgießen.

Waldmeisterbowle

1,5 l
15 Minuten + Kühlzeit
Pro Glas (250 ml)
37 g Zucker, 167 kcal

ZUTATEN

- 8 Stängel Waldmeister
- 2 Bio-Zitronen
- 1 l Apfelsaft
- 500 ml Sprudelwasser
- 5 EL Zucker

ZUM SERVIEREN

- 1 Bio-Zitrone
- 12 Blätter Waldmeister
- 18 Eiswürfel

Am Vortag die Waldmeisterstängel vom Strauch schneiden, abbrausen, trocken schütteln und 1 Tag welken lassen; so entfaltet sich erst das volle Aroma.

Am nächsten Tag die Zitronen heiß waschen und trocknen. Die Schale ohne das bittere Weiße mit einem Sparschäler abschälen. Den Saft auspressen. Apfelsaft mit Zitronenschale und -saft sowie den angewelkten Waldmeisterstängeln in eine große Karaffe füllen. Sprudelwasser und Zucker zugeben und so lange rühren, bis sich der Zucker gelöst hat. Die Waldmeisterbowle 12 Stunden im Kühlschrank ziehen lassen.

Zum Servieren die Zitrone heiß waschen, trocknen und in Scheiben schneiden. Die Waldmeisterblätter abbrausen. Waldmeisterstängel und Zitronenschalen aus der Bowle nehmen und entsorgen. Je 3 Eiswürfel in ein Glas geben. Die Bowle zugießen und die Gläser mit Zitronenscheiben und je 2 Waldmeisterblättern garnieren.

Smoked Tomato on Ice

500 ml
5 Minuten
Pro Glas (250 ml)
7 g Zucker, 72 kcal

ZUTATEN

- 8 Eiswürfel
- 500 ml Tomatensaft
- 4 Tropfen Tabasco
- 2 TL Olivenöl

ZUM SERVIEREN

- 1 lange Stange Staudensellerie
- ½ TL Rauchsalz
- Pfeffer

Zwei hohe gekühlte Gläser mit je 4 Eiswürfeln füllen. Den Tomatensaft auf die Gläser verteilen, dann je 2 Tropfen Tabasco und 1 TL Olivenöl zugeben. Mit einem langen Löffel alles vorsichtig umrühren.

Zum Servieren den Sellerie waschen, putzen und quer halbieren. Die Drinks mit Rauchsalz und etwas frisch gemahlenem Pfeffer bestreuen. Die halbierten Selleriestangen zum Umrühren in die Gläser stecken.

Mango Mule

400 ml
10 Minuten
Pro Glas (200 ml)
57 g Zucker, 255 kcal

ZUTATEN

- 5 Scheiben Bio-Gurke
- 4 EL Honig
- 3 kleine Limetten
- 100 g Mangopüree
- 2 Handvoll Crushed Ice

ZUM SERVIEREN

- Eiswürfel
- 2 Scheiben Bio-Gurke
- Ginger Beer *(siehe S. 67)*

In einem Cocktailshaker die gewaschenen Gurkenscheiben und Honig mit einem Stößel zerdrücken. Die Limetten halbieren und 100 ml Saft auspressen. Limettensaft und Mangopüree in den Shaker geben. Alles mit Eis auffüllen und 15–20 Sekunden kräftig schütteln.

Zum Servieren zwei Gläser oder Tassen mit Eiswürfeln füllen. Sobald sich der Honig vollständig gelöst hat, den Mango Mule durch ein Sieb in die Gläser oder Tassen gießen, mit je 1 Scheibe Gurke garnieren und mit Ginger Beer aufgießen.

Brombeer-Thymian-Mocktail

400 ml Sirup
30 Minuten
Pro Glas (200 ml)
3 g Zucker, 15 kcal

ZUTATEN

- 100 g Brombeeren
- 70 g Zucker
- 3 Zweige Thymian

ZUM SERVIEREN

- Eiswürfel
- Sprudelwasser
- 4 Brombeeren
- 4 Zweige Thymian

Die Brombeeren verlesen und mit 100 ml Wasser, Zucker und Thymianzweigen in einen kleinen Topf geben. Alles aufkochen und bei niedriger Hitze 15 Minuten köcheln lassen. Die Brombeermischung anschließend durch ein Sieb abgießen, mit einem Löffel gut ausdrücken und den Sirup auf Raumtemperatur abkühlen lassen.

Zum Servieren zwei Gläser mit Eiswürfeln und je 3 EL Sirup füllen. Die Gläser mit Sprudelwasser aufgießen, vorsichtig umrühren und mit Brombeeren und Thymian garnieren.

Pflomo

500 ml, 10 Minuten
Pro Glas (250 ml)
40 g Zucker, 175 kcal

ZUTATEN

- 4 reife Zwetschgen
- 3 gehäufte TL brauner Rohrzucker
- 2 Handvoll Crushed Ice
- 20 ml frischer Limettensaft
- 300 ml Ginger Ale

ZUM SERVIEREN

- 2 Zweige Minze

Die Zwetschgen waschen, entsteinen und grob klein schneiden. Die Früchte mit dem Zucker auf zwei stabile Gläser verteilen und mit einem Stößel oder Löffel zerdrücken. Die Gläser anschließend mit Crushed Ice, Limettensaft und Ginger Ale auffüllen und alles kräftig umrühren. Zum Servieren die Minze abbrausen. Den Pflomo mit der Minze garnieren.

Bellini

400 ml, 5 Minuten
Pro Glas (200 ml)
16 g Zucker, 141 kcal, 8 g Alkohol

ZUTATEN

- 2 weiße mittelgroße Pfirsiche
- 200 ml gekühlter Prosecco

ZUM SERVIEREN

- 2 Scheiben Pfirsich

Pfirsiche waschen, trocken tupfen, entkernen und im Mixer oder mit einem Pürierstab fein pürieren. Das Püree auf zwei Sektgläser verteilen und je 50 ml Prosecco zugeben. Mit einem langen Löffel vorsichtig umrühren, um möglichst wenig Kohlensäure zu verlieren. Die Gläser mit dem restlichen Prosecco auffüllen.

Zum Servieren in jedes Glas eine Pfirsichscheibe geben.

Kaffee & Tee

Akku leer? Anhaltende Hitze kann anstrengend sein, sowohl für den Körper als auch für den Geist. Da hilft nur eines: ein leckerer Drink, der den Energiespeicher wieder auflädt und wach und munter macht. Wer glaubt, dass Koffein nur in heißen Getränken eine gute Figur macht, der irrt. Diese kühlenden Rezepte beweisen das Gegenteil.

Cold Brew Lemonade

400 ml
15 Minuten + Ziehzeit
Pro Glas (200 ml)
26 g Zucker, 139 kcal

ZUTATEN

- 15 g frisch gemahlener Kaffee
- 50 g Zucker
- 200 ml frisch gepresster Zitronensaft

ZUM SERVIEREN

- Eiswürfel
- 2 Bio-Zitronenschnitze

Den gemahlenen Kaffee in ein kleines verschließbares Gefäß geben und mit 200 ml kaltem Wasser übergießen. In den Kühlschrank stellen und über Nacht ziehen lassen. Am nächsten Tag den Kaffeesatz durch einen Filter abtrennen. Den Zucker im Zitronensaft auflösen.

Zum Servieren Eiswürfel auf Gläser verteilen und die Zitronenlimonade darübergießen. Dann den Cold Brew Coffee zugießen, so entsteht ein schöner Schichteffekt. Die Cold Brew Lemonade mit Zitronenschnitzen garnieren.

Eiskaffee mit Amaretto-Sahne

400 ml
10 Minuten
Pro Glas (200 ml)
10 g Zucker, 20 g Fett,
278 kcal, 6 g Alkohol

ZUTATEN

- 125 ml Sahne
- ½ Päckchen Vanillezucker
- 4 EL Amaretto
- 225 ml kalter Kaffee

ZUM SERVIEREN

- 8 Eiswürfel
- 4 Amarettini

Die Sahne mit dem Vanillezucker beinahe steif schlagen, dabei langsam den Amaretto untermischen.

Zum Servieren zwei Gläser mit Eiswürfeln füllen. Den kalten Kaffee darübergießen. Die Amaretto-Sahne mit einem Esslöffel obenauf verteilen. Die Amarettini zerbröseln und auf die Sahne streuen. Den Eiskaffee mit langen Löffeln servieren.

Espresso-Shot mit weißer Schokolade

100 ml
10 Minuten
Pro Tasse (50 ml)
16 g Zucker, 8 g Fett,
151 kcal

ZUTATEN

- 50 g weiße Schokolade
- 50 ml Milch
- 50 ml frisch gebrühter Espresso
- 2 große Eiswürfel

ZUM SERVIEREN

- Muskatnuss

Die Schokolade klein hacken. Die Milch in einem Topf erhitzen, dann vom Herd nehmen und die Schokolade unter Rühren darin auflösen.

Den frisch gebrühten Espresso auf zwei Kaffeetassen oder kleine Gläser verteilen. 3 Minuten abkühlen lassen, anschließend jeweils 1 Eiswürfel in jede Tasse oder jedes Glas geben. Die Schokoladenmilch darübergießen.

Zum Servieren etwas Muskatnuss über die Espresso-Shots reiben. Mit kleinen Löffeln servieren.

Affogato al caffè

300 ml, 5 Minuten
Pro Tasse (150 ml)
9 g Zucker, 3 g Fett, 84 kcal

ZUTATEN

- 2 Kugeln Haselnusseis *(à 50 g; ersatzweise Vanilleeiscreme)*
- 100 ml frisch gebrühter Espresso

ZUM SERVIEREN

- Kakaopulver zum Bestäuben

Das Eis auf zwei Tassen verteilen, den Espresso darübergießen. Alles mit Kakao bestäuben und sofort mit einem langen Löffel servieren.

TIPP

Affogato al caffè schmeckt mit selbst gemachter Karamellsauce besonders köstlich: Dazu 75 g Zucker in einem kleinen Topf karamellisieren lassen. Dann 400 ml Sahne zugießen und alles bei mittlerer Hitze in ca. 15 Minuten zu einer dicklichen Sauce einkochen lassen.

Shakerato mit Kardamom

400 ml, 5 Minuten
Pro Glas (200 ml)
9 g Zucker, 1 g Fett, 50 kcal

ZUTATEN

- 200 ml frisch gebrühter starker Kaffee *(ersatzweise Espresso)*
- 50 ml Milch
- 2 EL Zuckersirup
- ½ TL gemahlener Kardamom
- 150 g Crushed Ice

ZUM SERVIEREN

- Eiswürfel
- 2 Prisen Kakaopulver

Den frisch gebrühten Kaffee noch warm mit Milch, Zuckersirup, Kardamom und Crushed Ice in einen Shaker geben. Alles 30 Sekunden kräftig schütteln.

Zum Servieren zwei Gläser komplett mit Eiswürfeln füllen. Den Shakerato durch ein Sieb in die Gläser abseihen und mit Kakaopulver garniert servieren.

Erdmandeldrink mit Espresso und Koriander

1,5 l
15 Minuten + Einweichzeit + Kühlzeit
Pro Glas (250 ml)
33 g Zucker, 9 g Fett, 352 kcal

ZUTATEN

- 300 g Erdmandeln
- ½ Bio-Zitrone
- 200 g Zucker
- 1 Tasse frisch gebrühter Espresso
- 1 TL Koriandersamen

ZUM SERVIEREN

- Eiswürfel *(optional)*
- Zucker *(optional)*

Die Erdmandeln am Vorabend in Wasser einweichen. Am nächsten Tag die Zitronenhälfte heiß waschen, trocknen und die Schale fein abreiben. Die Erdmandeln abgießen und mit Zitronenabrieb, Zucker, Espresso, Koriander und 1,5 l Wasser im Mixer glatt pürieren. Je nach Stärke des Mixers den Erdmandeldrink durch ein Sieb abseihen. Anschließend 1 Stunde in den Kühlschrank stellen, damit sich die einzelnen Zutaten bestmöglich verbinden können.

Zum Servieren an besonders heißen Tagen Eiswürfel in Gläser füllen, den Erdmandeldrink zugießen. Nach Belieben mit etwas Zucker nachsüßen.

Lavendel-Eistee

1 l
15 Minuten + Kühlzeit
Pro Glas (400 ml)
15 g Zucker, 68 kcal

ZUTATEN

- 30 g Schwarztee *(z. B. Assam-Tee)*
- 4 TL getrocknete Lavendelblüten
- 150 g Zucker

ZUM SERVIEREN

- Eiswürfel
- 200 ml frisch gepresster Zitronensaft
- ein paar Zweige Minze
- 1 Bio-Zitrone

1 l Wasser auf 100 °C erhitzen. Schwarzteeblätter und Lavendelblüten mit dem heißen Wasser aufgießen und 10 Minuten ziehen lassen. Anschließend den Zucker in den Tee geben und komplett auflösen lassen. Den Tee durch ein Sieb abgießen und abkühlen lassen. Dann ca. 2 Stunden kalt stellen.

Zum Servieren Eiswürfel in ein großes Glas geben. Je 20 ml Zitronensaft und 100 ml gekühlten Schwarztee darübergießen, dann das Glas mit kaltem Wasser auffüllen. Die Minze abbrausen, trocken schütteln und die Blätter abzupfen. Die Zitrone heiß waschen, trocken tupfen und in Scheiben schneiden. Den Lavendel-Eistee mit Minze und Zitronenscheibe garnieren.

Weißer Eistee mit Holunderblütensirup

1,5 l, 10 Minuten + Kühlzeit
Pro Glas (250 ml)
16 g Zucker, 68 kcal

ZUTATEN

- 6 TL weißer Tee *(ersatzweise 6 Teebeutel)*
- 150 ml Holunderblütensirup

ZUM SERVIEREN

- 6 Zweige Estragon
- 6 Zweige Minze
- Eiswürfel

1,4 l Wasser auf 80 °C erhitzen, den weißen Tee damit überbrühen und 5–7 Minuten ziehen lassen. Den Tee durch ein Sieb abgießen und abkühlen lassen, dann den Holunderblütensirup zugeben und kräftig umrühren. Die Teemischung 2 Stunden kalt stellen.

Zum Servieren die Kräuter abbrausen und trocken schütteln. Ein paar Eiswürfel und je 1 Zweig Estragon und Minze auf Gläser verteilen. Den Eistee darübergießen.

Thai-Eistee

400 ml, 10 Minuten,
Pro Glas (200 ml)
26 g Zucker, 4 g Fett, 160 kcal

ZUTATEN

- 2 EL thailändischer Schwarztee
- 8 EL Kondensmilch
- 2 EL Zucker

ZUM SERVIEREN

- Crushed Ice
- 2 EL Kondensmilch

Den Tee in Papierfilter geben. 350 ml Wasser zum Kochen bringen, den Tee damit überbrühen und 3–5 Minuten ziehen lassen, bis er eine dunkle Farbe hat. Sämtliches Wasser aus den Teeblättern ausdrücken. Kondensmilch und Zucker zufügen und kräftig umrühren.

Zum Servieren zwei Gläser bis zum Rand mit Crushed Ice füllen und mit Tee aufgießen. In jedes Glas 1 EL Kondensmilch geben, sodass sich leichte Schlieren bilden. Den Thai-Eistee sofort servieren.

Dattel-Tahin-Espresso-Shake

400 ml
10 Minuten + Gefrierzeit
Pro Glas (200 ml)
44 g Zucker, 25 g Fett,
517 kcal

ZUTATEN

- 2 reife Bananen
- 6 Medjool-Datteln
- 300 ml Milch *(nach Wahl)*
- 75 g Tahin
- 1 Tasse frisch gebrühter Espresso
- 1 Messerspitze gemahlener Zimt
- 1 Tropfen Vanilleextrakt
- Eiswürfel *(optional)*

ZUM SERVIEREN

- 2 Prisen gemahlener Zimt
- 1 TL Sesamsamen

Bananen schälen, in Scheiben schneiden, diese nebeneinander auf einem Tablett verteilen und im TK-Fach gefrieren lassen.

Datteln entkernen und mit Milch, Tahin, Espresso und Zimt im Mixer glatt pürieren. Gefrorene Bananen und Vanilleextrakt zugeben und erneut mixen, bis eine cremige Konsistenz erreicht ist. Sollte die Mischung zu dick sein, eine Handvoll Eiswürfel zugeben und den Vorgang wiederholen. Den Shake in Gläser füllen und mit Zimt und Sesam bestreut servieren.

TIPP

Der Drink schmeckt übrigens auch ohne Espresso fantastisch.

Schwarzer Tee mit Feige

1,5 l
10 Minuten + Kühlzeit
Pro Glas (250 ml)
18 g Zucker, 90 kcal

ZUTATEN

- 6 Teebeutel Schwarztee
- 6 TL Zucker
- 6 getrocknete Feigen
- 2 Zitronen
- 50 g Ingwer
- 6 Zweige Minze

ZUM SERVIEREN

- 6 Handvoll Crushed Ice
- 6 Strohhalme

Die Teebeutel in einer großen Karaffe mit 1,5 l kochendem Wasser aufbrühen und 5 Minuten ziehen lassen. Anschließend die Teebeutel entnehmen und den Zucker unterrühren. Den Tee abkühlen lassen.

Inzwischen die Feigen halbieren. Die Zitronen ebenfalls halbieren und den Saft auspressen. Den Ingwer schälen und in Scheiben schneiden. Die Minze abbrausen. Feigenhälften, Zitronensaft, Ingwer und Minze zum Tee geben. Alles 2 Stunden kalt stellen. Anschließend Feigen, Ingwer und Minze entnehmen und aufbewahren.

Zum Servieren je 1 Handvoll Crushed Ice auf Gläser verteilen. Den Tee zugießen und mit ein paar Ingwerscheiben, Minze und Feigenhälften garnieren. Mit Strohhalm servieren.

Griechischer Bergtee auf Eis

1,5 l
15 Minuten + Kühlzeit
Pro Glas (250 ml)
7 g Zucker, 30 kcal

ZUTATEN

- 6 g griechischer Bergtee *(im Teegeschäft oder Bioladen erhältlich)*
- 4 EL Honig

ZUM SERVIEREN

- 1 Bio-Zitrone
- Eiswürfel

In einem Topf 1,5 l Wasser zum Kochen bringen. Den Bergtee darin 10 Minuten köcheln lassen.

Den Tee anschließend durch ein Sieb in eine Karaffe gießen und 30 Minuten abkühlen lassen, dann den Honig zugeben und unter Rühren auflösen lassen. Den Tee 1,5 Stunden kalt stellen.

Zum Servieren die Zitrone heiß waschen, trocknen und in dünne Scheiben schneiden. Jeweils 4 Eiswürfel in hohe Gläser füllen. Den Bergtee auf die Gläser verteilen und mit den Zitronenscheiben garnieren.

Eiskalter Kakao mit Minze

500 ml
10 Minuten + Kühlzeit
Pro Glas (250 ml)
54 g Zucker, 370 kcal

ZUTATEN

- 100 g Crushed Ice
- 50 g Rohkakao
- 300 ml Cashewdrink
- 5 EL Zucker
- 6 Blätter Minze

ZUM SERVIEREN

- 6 Zweige Minze *(optional)*

Das Crushed Ice in einen Mixer füllen. Den Kakao mit 40 ml Cashewdrink und dem Zucker verrühren. Die Mischung zum Eis geben und den restlichen Cashewdrink darübergießen. Alles ca. 1 Minute mixen. Inzwischen die Minzblätter abbrausen und trocken tupfen. Dann ebenfalls in den Mixer geben und ein paar Sekunden mitpürieren.

Zum Servieren die Minze (falls verwendet) abbrausen und trocken schütteln. Den eiskalten Kakao auf Gläser verteilen und mit der Minze garnieren.

TIPP

Auch lecker – frische Erdbeeren oder geschmolzene Schokolade unter den Kakao mischen.

Salbei-Birnen-Eistee

1,5 l
40 Minuten + Kühlzeit
Pro Glas (250 ml)
7 g Zucker, 33 kcal

ZUTATEN

- 1 großes Bund Salbei
- 1 Bio-Zitrone
- 1 Birne
- 2 EL Zucker

ZUM SERVIEREN

- 6 Zweige Minze *(optional)*
- Eiswürfel

Salbei waschen, trocken schütteln und die Blätter abzupfen. Es werden 50–60 Stück benötigt. Am besten eignen sich die kleineren jungen Blätter, die noch nicht so bitter schmecken. Die Zitrone heiß waschen, trocknen und die Schale fein abreiben, dann die Frucht halbieren und den Saft auspressen. Die Birne schälen, vom Kerngehäuse befreien und in Würfel schneiden.

In einem Topf 1,5 l Wasser zum Köcheln bringen. Alle vorbereiteten Zutaten und den Zucker zugeben und 30 Minuten bei mittlerer Hitze köcheln lassen. Anschließend alles durch ein Sieb in eine Karaffe abgießen, auf Raumtemperatur abkühlen lassen und 2 Stunden kalt stellen.

Zum Servieren die Minze (falls verwendet) abbrausen, trocken schütteln und mit Eiswürfeln auf Gläser verteilen. Den Salbei-Birnen-Tee darübergießen.

Bananen-Espresso-Shake

400 ml
10 Minuten +
Tiefkühlzeit
Pro Glas (200 ml)
32 g Zucker, 2 g Fett,
176 kcal

ZUTATEN

- 2 reife Bananen
- 100 ml Milch
- 1 EL Zucker
- 8 Eiswürfel
- 60 ml kalter Espresso

ZUM SERVIEREN

- Zimtzucker

Die Bananen mit Schale 3 Stunden in das Tiefkühlfach legen. Anschließend die Bananen schälen, in 2 cm dicke Scheiben schneiden und in den Mixer geben. Die Milch und den Zucker zufügen und alles 1 Minute mixen.

Die Bananenmilch mit den Eiswürfeln auf Gläser verteilen. Den Espresso am Rand mit einem Löffel langsam rundherum einlaufen lassen. So entsteht eine schöne Marmorierung.

Den Bananen-Espresso-Shake mit etwas Zimtzucker bestreuen und mit langen Löffeln servieren.

Kokosmilch Cold Brew

400 ml, 10 Minuten + Ziehzeit
Pro Glas (200 ml)
9 g Zucker, 9 g Fett, 126 kcal

ZUTATEN

- 4 EL frisch gemahlener Kaffee *(Mahlgrad nach Wahl)*

ZUM SERVIEREN

- Kaffee-Eiswürfel *(siehe rechts, ersatzweise Eiswürfel)*
- 2 EL Ahornsirup
- 100 ml Kokosmilch

Kaffeepulver in ein kleines verschließbares Gefäß geben und mit 300 ml kaltem Wasser übergießen. Über Nacht (ca. 10 Stunden) im Kühlschrank ziehen lassen. Am nächsten Tag den Kaffeesatz durch einen Filter abtrennen.

Zum Servieren Gläser mit Eiswürfeln und zu zwei Dritteln mit Kaffee befüllen. Je 1 EL Ahornsirup zugeben und die Gläser mit Kokosmilch auffüllen.

Kaffee-Eiswürfel

1 Eiswürfelfform (für 4–6 Drinks)
10 Minuten + Gefrierzeit
Pro Eiswürfel (25 g) 1 g Zucker, 5 kcal

ZUTATEN

- 2 EL Kaffeepulver
- 1 TL Zucker

ZUM SERVIEREN

- Cold Brew Lemonade *(siehe S. 118)*, Shakerato *(siehe S. 124)* oder Kokosmilch Cold Brew *(siehe links)*

200 ml Wasser aufkochen, das Kaffeepulver in einen Filter geben und mit dem Wasser überbrühen. Den Zucker zugeben, kräftig umrühren und den Kaffee auf Raumtemperatur abkühlen lassen. In eine Eiswürfelform gießen und ins Gefrierfach geben.

Die Kaffee-Eiswürfel schmecken hervorragend in Cold Brew Lemonade, Shakerato oder Kokosmilch Cold Brew.

Cold Brew Coffee on Ice

1 l
5 Minuten + Kühlzeit
Pro Glas (200 ml)
0 g Zucker, 4 kcal

ZUTATEN

- 100 g frisch gemahlener Kaffee *(grober Mahlgrad)*

ZUM SERVIEREN

- Eiswürfel

Den gemahlenen Kaffee in einem Gefäß mit 1 l kaltem Wasser gut mischen. Das Gefäß verschließen und 12 Stunden in den Kühlschrank stellen. Den Kaffee anschließend abseihen.

Zum Servieren je 4 Eiswürfel in ein Glas geben. Den Kaffee darübergießen und kalt genießen.

TIPP

Der Cold Brew schmeckt auch prima als Mischung mit Säften und Co. Hierfür am besten ein Konzentrat aus 200 g Kaffee auf 1 l Wasser herstellen. Dieses kann dann nach Belieben mit Saft, Limonade oder fermentierten Getränken gemischt werden.

EXOTISCHES

Ein Blick über den Gläserrand hinaus lohnt sich: Denn unsere südlichen Nachbarn in wärmeren Ländern wissen nur zu gut, wie man sich an heißen Tagen Abkühlung verschafft. Da können wir uns noch einiges abschauen. Die folgenden leckeren Getränke sorgen nicht nur für einen Hauch Exotik, sondern auch für eine Extraportion Urlaubsfeeling.

MARROKANISCHER MINZTEE AUF EIS

1,5 l
20 Minuten + Kühlzeit
Pro Glas (250 ml)
5 g Zucker, 20 kcal

ZUTATEN

- 7 Zweige marokkanische Minze *(ersatzweise Pfefferminze)*
- 5 TL grüner Tee *(z. B. Gunpowder, ersatzweise 3 Teebeutel)*
- 30 g Zucker

ZUM SERVIEREN

- 6 Zweige marokkanische Minze *(ersatzweise Pfefferminze)*
- Eiswürfel
- Zucker *(optional)*

In einem Topf 1,5 l Wasser aufkochen. Minze abbrausen und mit grünem Tee zugeben. Den Tee bei mittlerer Hitze 15 Minuten ziehen lassen, den Zucker zugeben und unter Rühren auflösen. Minze und Teeblätter abfiltern, alles abkühlen lassen und den Tee 1 Stunde kalt stellen.

Zum Servieren die Minze abbrausen und mit Eiswürfeln auf Gläser verteilen. Den Minztee nach Belieben mit Zucker nachsüßen und in die Gläser füllen. Sofort servieren.

GRANATAPFELSAFT MIT ZIMT

1,5 l
15 Minuten + Kühlzeit
Pro Glas (250 ml)
9 g Zucker, 45 kcal

ZUTATEN

- 2 Granatäpfel
- 2 Orangen
- 2 Äpfel
- ½ TL gemahlener Zimt

ZUM SERVIEREN

- 6 Zweige Minze
- Eiswürfel

Die Granatäpfel entkernen. Hierfür an der Krone einschneiden, diese entfernen und die Granatäpfel mittig durchschneiden. Um die einzelnen Kerne herauszulösen, empfiehlt sich das Arbeiten unter Wasser, z. B. in einer Schüssel. Orangen schälen, die Äpfel waschen, von den Kerngehäusen befreien und grob klein schneiden. Granatapfelkerne, Orangen und Äpfel mit Zimt und 1 l Wasser in einen Mixer geben und fein pürieren. Die Mischung nach Belieben durch ein Sieb streichen und kalt stellen.

Zum Servieren die Minze abbrausen und mit Eiswürfeln auf Gläser verteilen. Den Granatapfelsaft darübergießen.

Eiskalter Chai

1,5 l
5 Minuten + Ziehzeit
Pro Glas (250 ml)
6 g Zucker, 2 g Fett,
47 kcal

ZUTATEN

- 6 TL Chai-Tee
  (ersatzweise 6 Teebeutel)

ZUM SERVIEREN

- Eiswürfel
- 6 TL Honig
- 300 ml Milch *(nach Wahl)*

Chai-Tee mit 1,5 l kaltem Wasser in ein großes Gefäß geben und 6 Stunden bei Raumtemperatur ziehen lassen. Je länger der Tee ziehen kann, desto kräftiger wird er. Allerdings sollten 12 Stunden nicht überschritten werden. Den Tee durch ein Sieb abgießen und die Blätter entsorgen.

Zum Servieren Gläser mit Eiswürfeln füllen, je 1 TL Honig zugeben und die Gläser zu drei Vierteln mit Chai aufgießen. Jeweils 50 ml Milch einrühren und den Chai servieren.

TIPP

Wenn es doch einmal schneller gehen muss: 750 ml Wasser in einem Topf aufkochen, Chai zugeben, vom Herd nehmen und 10–20 Minuten ziehen lassen. Nach dem Abkühlen auf Raumtemperatur wie im Rezept beschrieben weiterverfahren.

GRÜNER TEE MIT ANANASSAFT

1,5 l
15 Minuten + Kühlzeit
Pro Glas (250 ml)
24 g Zucker, 105 kcal

ZUTATEN

- 4 TL grüner Tee *(ersatzweise 5 Teebeutel)*
- 1 kleine Ananas *(ersatzweise 500 ml Ananassaft)*
- 4 EL Zucker *(ersatzweise Zuckersirup)*

ZUM SERVIEREN

- Eiswürfel mit Ananasstücken *(siehe Tipp)*

In einem Topf 1 l Wasser erhitzen. Kurz vorm Siedepunkt die Hitze reduzieren und den Tee in einem Filter zugeben. 10 Minuten bei kleiner Hitze ziehen lassen. Den Tee entfernen.

Die Ananas von Schale und Strunk befreien, das Fruchtfleisch klein schneiden und im Mixer glatt pürieren. Durch ein Sieb streichen und den Saft zum Tee geben. Den Tee mit Zucker süßen und 1 Stunde kalt stellen.

Zum Servieren Eiswürfel mit Ananasstücken auf Gläser verteilen. Den Tee einfüllen und eiskalt genießen.

TIPP

Für Ananas-Eiswürfel 150 g Ananas klein schneiden und auf die Mulden einer Eiswürfelform verteilen. Mit Wasser bedecken und gefrieren lassen.

LECHE MERENGADA MIT CASHEWDRINK

500 ml
20 Minuten + Einweichzeit + Tiefkühlzeit
Pro Glas (250 ml)
26 g Zucker, 6 g Fett, 215 kcal

ZUTATEN

- 80 g rohe Cashewkerne *(ersatzweise 400 ml gekaufter Cashewdrink)*
- 1 Stange Zimt
- 50 g Zucker
- 1 Bio-Zitrone
- 2 frische Eiweiß

ZUM SERVIEREN

- Bio-Zitronenzesten *(optional)*
- 2 Prisen gemahlener Zimt

Für den Cashewdrink die Kerne über Nacht in Wasser einweichen. Am nächsten Tag 3–5 Minuten mit 400 ml frischem Wasser im Mixer glatt pürieren. Anschließend durch ein sauberes Baumwolltuch (oder eine Feinstrumpfhose) abpressen. Der so gewonnene Drink hält sich im Kühlschrank ca. 3 Tage.

Für die Leche Merengada den Cashewdrink mit der Zimtstange und 30 g Zucker in einem kleinen Topf aufkochen. Abkühlen lassen und die Zimtstange entfernen. Die Zitrone heiß waschen, trocknen, die Schale abreiben und den Abrieb in den Drink rühren. Den Drink in ein gefrierfestes Gefäß geben und 30 Minuten im Eisfach anfrieren lassen. Die Eiweiße mit 20 g Zucker zu festem Eischnee aufschlagen und unter den angefrorenen Drink heben. Alles 2 weitere Stunden ins Eisfach geben.

Zum Servieren die Leche Merengada in Martinigläser füllen und mit Zitronenzesten und Zimt garnieren.

MATE

1,5 l, 5 Minuten + Kühlzeit
Pro Glas (250 ml)
0 g Zucker, 5 kcal

ZUTATEN

- 6 EL Yerba-Mate-Tee *(ersatzweise 12 Teebeutel)*

ZUM SERVIEREN

- 6 Zweige Minze
- Eiswürfel

Den Mate in ein Gefäß mit 1,5 l kaltem Wasser geben, abdecken und über Nacht im Kühlschrank ziehen lassen. Am nächsten Tag die Blätter abfiltern.

Zum Servieren die Minze abbrausen. Gläser mit Eiswürfeln füllen, mit Mate-Tee aufgießen und mit Minze dekorieren.

TIPP

Wer mag, kann den Mate-Tee mit einem Süßungsmittel nach Wahl abschmecken.

MANGO LASSI

400 ml, 10 Minuten
Pro Glas (200 ml)
78 g Zucker, 8 g Fett, 463 kcal

ZUTATEN

- 3 große Mangos *(z. B. Kent)*
- 350 g Joghurt *(3,5 % Fettgehalt)*
- 2 EL Zucker *(ersatzweise Honig)*
- ½ TL gemahlener Kardamom
- 1 Handvoll Eiswürfel

ZUM SERVIEREN

- 2 Zweige Minze
- 4 Safranfäden *(optional)*

Die Mangos schälen und das Fruchtfleisch vom Stein schneiden. Mango, Joghurt, Zucker und Kardamom im Mixer cremig pürieren, ggf. nachsüßen. Eiswürfel zugeben und den Mango Lassi glatt mixen.

Zum Servieren die Minze abbrausen und auf zwei Gläser verteilen. Den Mango Lassi einfüllen und nach Belieben mit Safran garnieren.

WEIẞE SANGRIA MIT PFIRSICH UND MELISSE

2,5 l
20 Minuten + Kühlzeit
Pro Glas (100 ml)
15 g Zucker, 119 kcal,
7 g Alkohol

ZUTATEN

- 250 g kernlose weiße Trauben
- 4 weiße Pfirsiche
- 3 Limetten
- 2 Orangen
- 6 EL Zucker
- 100 ml Brandy
- 750 ml weißer Traubensaft
- 750 ml trockener Weißwein
- 750 ml Cava
  (ersatzweise anderer Sekt)

ZUM SERVIEREN

- 25 Blätter Zitronenmelisse
- 500 g Eiswürfel

Trauben und Pfirsiche waschen. Trauben von den Stielen zupfen, Pfirsiche entsteinen und in 2 cm große Würfel schneiden. Die Limetten und Orangen schälen und ebenfalls in 2 cm große Stücke schneiden.

Das Obst in eine große Karaffe geben. Zucker und Brandy zufügen und alles vorsichtig vermengen. Die Mischung 15 Minuten ziehen lassen, dann Traubensaft, Weißwein und Cava zugießen. Die Sangria 2 Stunden kalt stellen.

Zum Servieren die Zitronenmelisse abbrausen und mit den Eiswürfeln in die Sangria geben. Die Sangria mithilfe einer Schöpfkelle mit einigen Fruchtstückchen auf Weingläser verteilen.

Asiatische Salzzitronen-Limonade

1,5 l
20 Minuten + Ruhezeit + Fermentationszeit
Pro Glas (250 ml)
8 g Zucker, 32 kcal

ZUTATEN

- 6 Bio-Zitronen *(oder Limetten)*
- 150 g Meersalz

ZUM SERVIEREN

- 6 Zweige Minze
- Eiswürfel
- 6 TL Zucker
- Sprudelwasser

In einem Topf reichlich Wasser aufkochen, die Zitronen mit einem Schaumlöffel eintauchen und nach ca. 30 Sekunden wieder herausnehmen. Die Zitronen trocken reiben und in einer Schüssel 2–5 Stunden in die Sonne stellen, bis sich die Früchte bräunlich färben.

Inzwischen in einem Topf 1 l Wasser zum Kochen bringen. Das Salz zugeben und so lange umrühren, bis es sich vollständig gelöst hat. Auf Raumtemperatur abkühlen lassen. Die Zitronen in sterilisierte Gläser füllen und mit der Salzwassermischung übergießen. Die Zitronen müssen vollständig mit Salzwasser bedeckt sein und dürfen keinerlei Luftkontakt haben. Die Gläser verschließen und die Zitronen 4 Wochen bei Raumtemperatur vor Licht geschützt fermentieren lassen.

Zum Servieren die Minze abbrausen. Gläser mit Eiswürfeln füllen. Je 1 Zitrone zugeben und mit einem Löffel zerdrücken. Dann 1 TL Zucker zugeben, alles mit Sprudelwasser aufgießen, umrühren und mit Minze dekorieren.

Kokosmilch Horchata

500 ml
15 Minuten + Kühlzeit
Pro Glas (100 ml)
7 g Zucker, 83 kcal

ZUTATEN

- 1 Zimtstange
- 200 g Reis
- 100 g blanchierte Mandeln
- 1 Vanilleschote
- 100 ml Kokosmilch
- 2 EL Agavendicksaft

ZUM SERVIEREN

- 10 Eiswürfel
- gemahlener Zimt

Die Zimtstange in 3–4 Stücke brechen und mit dem Reis und den Mandeln in eine große Schüssel geben. 400 ml Wasser auf 80 °C erhitzen und über die Reis-Mandel-Mischung gießen. Die Schüssel abdecken und mindestens 4 Stunden oder über Nacht kalt stellen.

Die Reis-Mandel-Mischung anschließend fein pürieren – das kann einige Minuten dauern. Ein feines Sieb über eine Schüssel hängen und den pürierten Reis-Mandel-Drink abseihen. Dabei mit einem Löffel alles gründlich ausdrücken.

Die Vanilleschote längs aufschneiden und das Mark auskratzen. Das Vanillemark, die Kokosmilch und den Agavendicksaft in den Drink rühren.

Zum Servieren Gläser mit je 2 Eiswürfeln füllen. Die Kokosmilch Horchata eingießen und mit etwas Zimt garnieren.

Sorrel Drink

1,5 l
15 Minuten + Kühlzeit
Pro Glas (250 ml)
20 g Zucker, 85 kcal

ZUTATEN

- 30 g Ingwer
- 2 Bio-Limetten
- 10 TL getrocknete Hibiskusblüten
- 6 EL brauner Zucker
- 8 Nelken
- 1 Zimtstange

ZUM SERVIEREN

- Eiswürfel
- 6 Scheiben Bio-Limette

Ingwer und Limetten heiß waschen und in Scheiben schneiden. Beides mit Blüten, Zucker, Nelken und Zimt in einen Topf geben und mit 1,5 l Wasser aufgießen. Alles aufkochen, dann die Temperatur reduzieren und die Mischung bei schwacher Hitze 10 Minuten ziehen lassen.

Anschließend die Flüssigkeit durch ein Sieb abgießen und 30 Minuten abkühlen lassen. Dann 2,5 Stunden kalt stellen.

Zum Servieren jedes Glas mit 4 Eiswürfeln füllen. Den Sorrel Drink zugießen und mit Limettenscheiben garnieren.

Rezeptübersicht

Register

Stiftung Warentest
Lützowplatz 11–13
10785 Berlin
Telefon 0 30/26 31–0
Fax 0 30/26 31–25 25
www.test.de
email@stiftung-warentest.de

USt-IdNr.: DE136725570

Vorstand: Hubertus Primus
Weitere Mitglieder der Geschäftsleitung:
Dr. Holger Brackemann, Daniel Gläser

Programmleitung: Niclas Dewitz

Autorin: Flora Hohmann, Berlin

Projektleitung: Lisa Frischemeier
Lektorat: Christin Geweke, Nienhagen
Mitarbeit: Merit Niemeitz
Korrektorat: Kathrin Nick, Köln
Titelentwurf: Axel Raidt, Berlin, mit Bildern von Fotolia (L. Kandrashevich und M. Krelling)
Layout/Satz: FÖRM – Büro für Gestaltung, Berlin
Fotografie: Julia Hoersch, Hamburg
Foodstyling: Raik Holst, Hamburg
Produktion: Vera Göring
Verlagsherstellung: Rita Brosius (Ltg.), Romy Alig, Susanne Beeh
Litho: bildpunkt, Berlin
Druck: brandenburgische universitätsdruckerei, potsdam

ISBN: 978–3–7471–0203–9

Wir haben für dieses Buch 100 % Recyclingpapier und mineralölfreie Druckfarben verwendet. Stiftung Warentest druckt ausschließlich in Deutschland, weil hier hohe Umweltstandards gelten und kurze Transportwege für geringe CO_2-Emissionen sorgen. Auch die Weiterverarbeitung erfolgt ausschließlich in Deutschland.